# DESENVOLVIMENTO DE COMPETÊNCIAS PARA GERENTES DE PROJETOS

Uma abordagem transevolutiva

COLEÇÃO
Grandes Especialistas Brasileiros

Organizador **André Ricardi**, PMP

# DESENVOLVIMENTO DE COMPETÊNCIAS PARA GERENTES DE PROJETOS

Uma abordagem transevolutiva

**Marcio Zenker**

Prefácio de Ricardo Viana Vargas

De acordo com a **5ª edição** do Guia PMBOK®

ELSEVIER

CAMPUS

*Copidesque:* Ivone Teixeira
*Revisão:* Tathyana Viana
*Editoração Eletrônica:* Estúdio Castellani

Elsevier Editora Ltda.
Conhecimento sem Fronteiras
Rua Sete de Setembro, 111 – 16º andar
20050-006 – Centro – Rio de Janeiro – RJ – Brasil

Rua Quintana, 753 – 8º andar
04569-011 – Brooklin – São Paulo – SP – Brasil

Serviço de Atendimento ao Cliente
0800-0265340
atendimento1@elsevier.com

ISBN 978-85-352-7299-4
ISBN (versão digital): 978-85-352-7300-7



CIP-Brasil. Catalogação na Publicação
Sindicato Nacional dos Editores de Livros, RJ

R376d Ricardi, André
Desenvolvimento de competências para gerentes de projetos: uma abordagem transevolutiva / André Ricardi; organização Marcio Rodrigues Zenker. – 1. ed. – Rio de Janeiro: Elsevier, 2014.
il. ; 23 cm. (Grandes Especialistas Brasileiros: Gerenciamento de Projetos)

ISBN 978-85-352-7299-4

1. Aprendizagem organizacional. 2. Cooperação. 3. Desenvolvimento organizacional. 4. Redes de negócios. 5. Relações interorganizacionais. I. Zenker, Marcio Rodrigues. II. Título. III. Série.

14-08655 CDD: 658.047
CDU: 658.114.7

Dedicação especial a André Ricardi, pelo convite para participar da coleção Grandes Especialistas Brasileiros. À minha esposa Marcia Rosiello Zenker, pelas ricas conversas e reelaboração de alguns trechos do livro. Aos meus filhos, Igor e Eric, pelos momentos excelentes de encontros singulares em que o diálogo vai além rumo a outras visões de mundo, de vida e de trabalho.

# Sobre o autor

**MARCIO R. ZENKER.** Graduação em Psicologia pela USP. Especialização em Administração e Recursos Humanos pela Fundação Getulio Vargas. Mestre em Administração pela FEI – Gestão da Inovação – Capacidades Organizacionais.

Especialista em Treinamento & Desenvolvimento numa abordagem que integra recursos humanos (humanismo), tecnologia e negócios.

Experiência em pesquisa, consultoria, condução de workshops e palestras em organizações nacionais e internacionais.

Apresenta-se em congressos e seminários nacionais e internacionais nos campos de Educação, Tecnologia, Administração e Negócios.

É professor de pós-graduação da FGV, SENAC e FEI em liderança inspiradora, espírito de equipe, *coaching*, desenvolvimento de pessoas e educação corporativa, gestão de pessoas e liderança, sociologia, política e ética em projetos, cultura organizacional e gestão de mudanças, gestão de recursos humanos (*PMBOK®*), comportamento organizacional em saúde, tópicos emergentes em negócios e afins.

Especialista em desenvolvimento de competências nos meios empresarial e universitário na perspectiva de mudanças e inovação.

Presta serviços de *coaching* individual orientado para evolução profissional.

Sócio da Zenker Tecnologia da Evolução S/C Ltda.

Contato: mzenker@terra.com.br
http://lattes.cnpq.br/6914641533739775

# Apresentação

O gerenciamento de projetos é um desafio de longa data. A busca por melhorias e aprimoramentos demanda atenção e muito preparo por parte daqueles que estão envolvidos em projetos. A pergunta que fica para muitos é: "O que é necessário para gerenciar projetos com resultados consistentes e evitando ao máximo o acúmulo de problemas?"

O principal objetivo desta coleção, escrita a convite da editora, por colegas ilustres e qualificados, é ajudar os leitores a responder a essa pergunta, aparentemente simples, mas que causa agonia e até mesmo desespero. É evidente que ninguém é capaz de dominar inúmeras técnicas de gerenciamento de projetos de um dia para outro e num estalar de dedos, assim como ninguém se torna médico, engenheiro ou analista de sistemas qualificado em poucas horas. São necessários anos de preparo na busca do conhecimento e na aplicação prática, mas, acima de tudo, é preciso ter a consciência de nossa ignorância temporária, aliada à firmeza e à atitude de mudar.

Nossa sociedade vive um momento de extremo imediatismo, que tenho apelidado de "sociedade do clique", na qual as organizações e os profissionais querem resultados em lapsos de tempo cada vez menores com apenas um simples clique. De fato, é comum os profissionais não atingirem esses resultados de maneira consistente ou aceitável para todos os envolvidos. Talvez seja necessário refletir para onde desejamos caminhar e se essa velocidade é adequada, pois, se virarmos as curvas com muita rapidez, não seremos capazes de nos manter na pista.

Diante de tantas dificuldades impostas por pressões sociais e, principalmente, no ambiente profissional, resolvemos produzir esta coleção, compartilhando o conhecimento e a experiência de anos em gerenciamento de projetos. A grande alegria de minha parte, como organizador, foi poder trabalhar com estes profissionais com grande respeito do mercado, que aceitaram participar desta iniciativa. Destaco a participação de meu amigo Ricardo Viana Vargas, que nos agraciou com o prefácio.

Destacar as qualidades de cada um dos respeitáveis autores seria impossível nesta apresentação. São milhares, talvez milhões de horas de experiência profissional e docente. Para isso, é preciso consultar cada um dos volumes, analisar os currículos dos colegas e o conteúdo proposto para cada obra, selecionando aqueles que irão ajudá-lo a desenvolver seus projetos com profissionalismo e competência. Os títulos que compõem a coleção são os seguintes:

- Fundamentos do Gerenciamento de Projetos
- Gerenciamento da Integração em Projetos
- Gerenciamento do Escopo em Projetos
- Gerenciamento do Tempo em Projetos
- Gerenciamento dos Custos em Projetos
- Gerenciamento da Qualidade em Projetos
- Gerenciamento dos Recursos Humanos em Projetos
- Gerenciamento das Comunicações em Projetos
- Gerenciamento dos Riscos em Projetos
- Gerenciamento das Aquisições em Projetos
- Gerenciamento das Partes Interessadas em Projetos
- Desenvolvimento de Competências para Gerentes de Projetos
- Gerenciamento Estratégico de Projetos – Governança, Portfólio, Programa e Partes Interessadas
- Gerenciamento de Projetos com PRINCE2®

Esta coleção tem como referência principal, mas não única, a 5ª edição do *Guia PMBOK®* (*Project Management Body of Knowledge*), publicada pelo PMI® (Project Management Institute) em janeiro de 2013. A única exceção é o volume *Gerenciamento de Projetos com PRINCE2®*, que apresenta uma metodologia que não é de autoria do PMI®.

Não poderia deixar de agradecer ao nosso editor Marco Pace, que confiou em nosso trabalho, mas acima de tudo se tornou um grande amigo.

Aos leitores, desejo muito sucesso e, sinceramente, espero que essas obras possam ajudá-los a ter uma vida mais simples e menos estressante em seu dia a dia como gerente de projetos.

Peço a Deus que ilumine o caminho de todos.

**André Ricardi, PMP**

**André Ricardi, PMP**

Especialista em gerenciamento de projetos desde 1994, com atuação em projetos nacionais e internacionais em empresas financeiras, de logística, comércio exterior e indústria. Participou de 28 projetos, sendo em 21 deles como gerente de projetos ou líder. Utiliza os conceitos do *Guia PMBOK®* desde sua primeira edição.

Pós-graduado em Docência no Ensino Superior e bacharel em Análise de Sistemas, atua como professor desde 1986. É coordenador dos cursos de pós-graduação Gerenciamento de Projetos – Práticas do PMI® e Gerenciamento Estratégico de Portfólio de Projetos e PMO, do Senac, e de eventos como: PMDome®, PMRank®, PMTools, Ipemac e Congresso Six Sigma Brasil.

Autor do livro *EasyBOK: Um Guia de Sobrevivência para o Gerente de Projetos* e revisor técnico dos livros *Gerência de Projetos: Guia para o Exame Oficial do PMI®* e *Guia de* Templates *para Gerenciamento de Projetos*, todos publicados pela Editora Elsevier.

# Prefácio

Para mim é uma alegria poder fazer a apresentação de uma série de livros escrita por tantos amigos "especialistas brasileiros" que, com esta série, colocam à disposição de todos sua experiência coletiva como professores, consultores e profissionais da área.

Liderada por André Ricardi, um grande amigo e parceiro do Senac, a série é composta de impressionantes 14 volumes que apresentam os principais conceitos, tendências e recomendações práticas sobre gerenciamento de projetos da atualidade, segundo os padrões nacionais e internacionais, incluindo as novas diretrizes da 5ª edição do *Guia PMBOK*®.

Cobrindo desde aspectos relacionados a riscos e liderança até a metodologia PRINCE2®, a série é referência indispensável para qualquer gerente de projetos.

Outro marco da série é a linguagem simples e didática. Essa simplicidade é o que eu busco manifestar sempre que falo sobre projetos: "De complexo basta o projeto. Não transforme o processo de gerenciamento em um complicador a mais."

Finalmente, gostaria de afirmar que, apesar de ser uma série de referência, esta é, essencialmente, uma coleção de gerenciamento de projetos prática e profissional. Como eu sempre digo ao apresentar livros na área, passar suas páginas é entrar no universo da pressão por resultados, dos desafios, das emoções e dos conflitos. Assuntos que despertam sonhos e pesadelos de muitos profissionais. E quem não quer, afinal, ser parte do sucesso dos projetos?

**Ricardo Viana Vargas**

**Ricardo Viana Vargas**

Especialista em gerenciamento de projetos, portfólio e riscos e autor de 11 livros na área. Nos últimos 15 anos, foi responsável por mais de 80 projetos de grande porte em diversos países. Foi *chairman* do Project Management Institute em 2009 e, atualmente, é diretor do Grupo de Práticas de Projetos do Escritório de Serviços de Projetos das Nações Unidas (UNOPS) em Copenhague, na Dinamarca. Coordenando mais de 300 gerentes de projetos, seu trabalho tem foco na melhoria de gestão dos projetos humanitários, de infraestrutura e construção da paz em mais de 120 países, incluindo Haiti, Afeganistão, Mianmar, Iraque e Sudão do Sul.

# Estrutura do livro

Esta obra pode ser considerada o agrupamento de vários livros em um, pois expressa diversidade de conteúdo e formas de tratamento. É indicada tanto para profissionais que atuam em projetos, como para pesquisadores e docentes interessados em possibilidades extras de representar e atuar em processos caracterizados pela evolução, crescimento e desenvolvimento.

O Capítulo 1 explora a questão da avaliação e desenvolvimento de capacidades de um gestor de projetos independentemente do segmento em que atua. Ele é mais de natureza prática, orientado para técnicas e ferramentas de trabalho. Visa à expansão de competências de um gestor, tendo em vista melhores resultados de desempenho profissional e, consequentemente, de indicadores de sucesso.

O Capítulo 2 apresenta experiências profissionais do autor em projetos com enfoque estratégico e operacional. Através da descrição de casos, espera-se tornar compreensíveis ao leitor métodos, técnicas e ferramentais aplicados a projetos visando soluções para desafios reais das organizações e atendimento às expectativas das partes interessadas.

O Capítulo 3 busca ampliar o horizonte do leitor que atua em organizações e projetos através de distintas contribuições de colaboradores convidados que escreveram artigos especialmente para esta obra.

O Capítulo 4 propõe uma abordagem transevolutiva que se caracteriza por identificar, integrar e direcionar recursos/processos/resultados com apoio em uma configuração capaz de exponenciar esforços e conquistas. Essa configuração opera em 4-D (quarta dimensão) tendo o tempo como fator-chave nas formas de organização e administração de projetos em geral. Baseia-se em experiências vividas pelo autor nas últimas décadas e na pesquisa em vários campos do conhecimento.

# Introdução

Os projetos estão na pauta das organizações. Os projetos remetem analogicamente à jornada, viagem, percurso, trajetos, transição de um estado a outro. Os percursos ocorrem no eixo do tempo através de etapas, fases de desenvolvimento de um produto ou serviço. Esse ciclo pode ser caracterizado por iniciação, planejamento, execução, monitoramento, controle e encerramento. Um projeto, nessa concepção, é um meio de desenvolvimento de um produto, seja um carro, seja um relatório corporativo. O desenrolar de um projeto se faz através de processos que se desmembram em atividades. As múltiplas atividades, sequenciais, paralelas, transversais ou em rede têm como fonte recursos variados e geram saídas, entregas. Uma saída gerada em uma atividade torna-se a entrada de outra atividade. Portanto, nesse campo de forças, cenário ou ambiente, dá-se relevância ao desenrolar de uma oferta, obra ou produto. Esse fluxo complexo e dinâmico precisa ter relações com outros territórios. É preciso que certo projeto esteja, por exemplo, alinhado com o planejamento estratégico, exigindo habilidades de direcionamento ou perspectiva. Requer entendimento da cultura organizacional, seja de quem presta um serviço, seja daquele que é cliente do projeto. Compreensão da cultura exige capacidade para observar a visão, a missão e os valores explícitos, mas também para decodificar aqueles ocultos na organização ou em um grupo. Percebe-se, assim, que um único projeto que ocorre em determinado tempo e espaço exige uma visão multidimensional de fatores que o influenciam. Características internacionais, nacionais e regionais associadas ao mundo contemporâneo podem exigir que as empresas, os projetos, os processos, o desenvolvimento dos produtos sejam globalizados, significando que um projeto pode ser iniciado em um país e desenvolvido em outro. Cada país tem suas *expertises*. Isso implica que, frente a essa diversidade de fatores das mais diferentes naturezas, exija-se um programa no qual os projetos possam ser tratados com base em padrões definidos (*standard*). Esses padrões no desenvolvimento de produtos através de projetos e processos permitem maximizar relações de parceria entre países, segmentos de mercado, organizações, parceiros. A padronização de ferramentas, por exemplo, para gerenciamento de projetos e processos, pode ajudar o compartilhamento de esforços. Nesse cenário traçado surgem os *stakeholders*, ou seja, partes interessadas que giram ao redor e ao longo do projeto. Redes de agentes convivem com um projeto e devem ser identificadas e nele engajados para exponenciação de benefícios advindos da cooperação nas suas várias fases.

Nesse processo de articulação e mobilização de recursos, emerge a *persona*, a figura chamada gerente de projetos. É aquele que precisa constituir, desenvolver e gerenciar sua equipe no ciclo de etapas de um projeto, tendo como impulsionadores um contexto em transformação e as diversas áreas do conhecimento, como custos, aquisições, tempo, qualidade, riscos e outros desdobramentos. Esse profissional deve conhecer e ter experiências em gerenciamento e liderança de projetos. Precisa identificar as competências demandadas nas situações do cotidiano, no mundo real que gravita intensamente entre rotinas e incertezas.

As competências podem ser classificadas com base em vários critérios. Se tomarmos como referência os campos do conhecimento e as profissões, poderemos desenhar um perfil do gerente de projetos. É importante notar que essa proposição não é um exercício de imaginação, mas tem como referência os múltiplos relatos de experiências de profissionais que estão no mercado de trabalho. Esses perfis estão presentes também na literatura sobre gerenciamento de projetos. Assim, inspirado na educação, espera-se que um gestor, um líder que trabalhe em projetos tenha qualidades pessoais e profissionais que lhe permitam atuar, por exemplo, com a equipe, como um orientador (*coacher*). Ao mesmo tempo, precisa ter abertura para mudanças, para aprender. Hoje, há a ideia de que ele precisa aprender durante o voo, numa analogia com o avião, em que se faz necessário operar, por exemplo, num reparo durante a travessia. Um conjunto grande de competências pode ser derivada da administração e negócios com destaque para as categorias de organização, cultura, política, negócios, sistema, processo, projeto, eficiência operacional, várias áreas e níveis, estrutura etc. Da psicologia, sociologia, antropologia, política e ética decorrem uma diversidade de mecanismos, fenômenos, comportamentos, como relacionamento humano, motivação, conflitos, negociação, equipe, cognição e modelos mentais, comunicação, conjunto de valores, estados emocionais, autoconhecimento, conhecimento do outro, criatividade, estilos de liderança, tipos diversos de paradoxos etc. Da comunicação e da arte desdobram-se capacidades que exigem, por exemplo, o manejo de objetos, de ritos, de meios de representação, de mensagens, além da necessidade do uso do espaço implicando raciocínios diversos: espacial, cinestésico, temporal e outros. Um gestor pode aprender muito sobre ciclo de projetos se exercitar habilidades em *storyboard*, como na produção de um filme.

Seria de muito bom proveito, por exemplo, que um gestor fizesse teatro ou se dedicasse à literatura. O que se destaca aqui é um conjunto de habilidades que um gerente usa a cada minuto, apoiado inclusive na língua portuguesa, na produção e interpretação de textos referentes ao projeto. Enquanto faz uso da tecnologia eletrônica, participa de reuniões, elabora e interpreta relatórios, lidera a equipe, comunica-se, tendo que se desenvolver em competências, como expressão escrita e apresentação em público, para informar o estado atual do projeto.

Áreas do conhecimento como as das ciências exatas e biológicas contribuem com projetos que requerem competências lógico-matemáticas e de tratamento de dados. Hoje há descobertas sobre o cérebro que são importantes para o entendimento dos processos de visualização e processamento de dados pelo ser humano, além da relação das pessoas com a tecnologia. O gestor de projetos pode ampliar suas competências embasando-se no conhecimento científico contemporâneo.

# Sumário

CAPÍTULO 1

# Desenvolvimento de competências para gerentes de projetos

## 1.1 GERENCIAMENTO DE PROJETOS, GERENTE DE PROJETOS E COMPETÊNCIAS – VISÃO DO *GUIA PMBOK*®

Pretende-se reproduzir aqui alguns pontos-chave de duas obras fundamentais editadas pelo PMI® (Project Management Institute®):

- *A guide to the project management body of knowledge* (*PMBOK® Guide*). Fifth Edition. Project Management Institute, 2013.
- *PMCD framework: estrutura de desenvolvimento da competência de gerente de projetos*, 2. ed. Project Management Institute, 2012.

Optou-se por transcrever alguns pontos para manter fidelidade ao original. Faço breves comentários.

**Citações escolhidas do *PMCD framework***

O que é competência de gerente de projetos?

Gerentes de projeto competentes aplicam consistentemente seus conhecimentos de gerenciamento de projetos e comportamentos pessoais para aumentar a probabilidade de entrega dos projetos que atendam aos requisitos das partes interessadas. Os gerentes de projetos conjugam conhecimentos, habilidades, características pessoais e atitudes ao focar a entrega de um projeto.

Quando aplicada ao gerenciamento de projetos, a competência é a capacidade demonstrada para realizar as atividades dentro de um ambiente de projeto que levam a resultados esperados com base em padrões definidos e aceitos.

A competência do gerente de projetos consiste em três dimensões distintas (p. 2 e 3):

- Competências de conhecimento do gerente de projeto.
- Competências de atuação gerencial.
- Competência pessoal.

As competências de conhecimento dizem respeito ao que o gestor sabe sobre a aplicação das áreas do conhecimento, como riscos, custos, qualidade, tempo e outras, assim como sobre processos, técnicas e ferramentas de trabalho.

As competências de atuação dizem respeito a sua capacidade de colocar em prática seus conhecimentos e habilidades, e estão orientadas para o ciclo do projeto. Este último é formado por grupos de processos: iniciação (*initiating*), planejamento (*planning*), execução (*executing*), monitoramento e controle (*monitoring and controling*), e encerramento (*closing*). Alguns exemplos dessas competências:

- Um gestor precisa ter desempenho adequado no planejamento quanto à realização de vários planos, como, por exemplo, ter o plano do projeto aprovado. Esse documento é uma evidência de que fez um bom trabalho.
- As competências pessoais referem-se ao comportamento da pessoa e são agrupadas em seis blocos: comunicação, liderança, gestão, capacidade cognitiva, efetividade e profissionalismo.

### Citações escolhidas do *Guia PMBOK®* 5ª edição

Os gerentes de projetos realizam o trabalho através da equipe de projetos e de *stakeholders* (partes interessadas). Efetivos gestores de projeto precisam balancear ética, habilidades interpessoais e conceituais que ajudem na análise de situações e interações apropriadas (p. 17).

O guia cita as seguintes habilidades (*skill*) interpessoais (p. 18):

- Liderança
- Construção de equipes (*team buiding*)
- Motivação
- Comunicação
- Influência
- Tomada de decisão
- Consciência cultural e política
- Negociação
- Construção de confiança (*trust building*)
- Gestão de conflitos
- Orientação (*coaching*)

Uma consulta ao índice remissivo do guia nos leva não só a uma definição, mas ao contexto em que é usada, ou seja, é um dos componentes de papéis e responsabilidades do Plano de Gerenciamento de Recursos Humanos. Papéis e responsabilidades incluem papéis, autoridade, responsabilidade e competência, mas não se restringem a eles. Competência é concebida como

> a habilidade ou a capacidade requerida para completar as atividades designadas considerando as restrições do projeto. Se os membros do projeto não possuem as competências requeridas, os desempenhos podem ser prejudicados. (p. 264)

*Vamos considerar alguns pontos-chave*

Se um projeto ocorre em contexto situacional em que muitos fatores estão presentes, fora da empresa uma infinidade de forças está interferindo. Dentro da organização podemos citar alguns como exemplo: infraestrutura física, estrutura organizacional, tecnologia, planejamento estratégico, pessoas, processos, cultura, sistemas de informações, atividade de negócios da organização, partes interessadas, indicadores de desempenho e muito mais.

Se um projeto é concebido como esforço temporário empregado para gerar um produto ou serviço único, se o gerente do projeto é a pessoa designada pela organização executora para realizar os objetivos do projeto, então constatamos que esse gerente precisa ter um conjunto amplo de poderes que apoiem sua interação e comunicação com pessoas e partes interessadas em um território em que está presente uma multiplicidade de forças.

## 1.2 PROJETOS, GERÊNCIA E COMPETÊNCIAS – OUTRA VISÃO

*Competências: outra abordagem*

Há centenas de abordagens sobre competências nos circuitos internacional e nacional. Há um *boom* de publicações nos últimos 15 anos. Selecionei uma abordagem, pouco conhecida no Brasil, mas usada em algumas empresas: arquitetura Lominger. Cito apenas essa como exemplo para incentivar o leitor a uma pesquisa mais contemporânea sobre competências. Tomei a iniciativa de colocá-las em alguns blocos para se ter uma ideia de conjunto, pois uma das principais críticas que faço a programas de competências é a de que elas são tratadas individualmente. Nesses programas, a preocupação é conhecer o perfil de competências de cada colaborador em graus (de 1 a 5) e, obviamente, obtém-se um somatório de pontos. Sabendo a distância (*gap*) entre o perfil esperado para aquela função e obtendo-se o perfil concreto através da avaliação do desempenho em um período (em geral feita pelo superior imediato e pelo funcionário), tem-se um diagnóstico com base na sobreposição dos perfis. A análise das distâncias (*gaps*) revela forças e limites das competências dos profissionais. Com isso é possível montar um plano de desenvolvimento, não só para apoiar o desenvolvimento das competências, mas também para dirigir o perfil para as metas a conquistar. Facilita-se, assim, uma comparação, por exemplo, anual entre os dois perfis e os mais variados desdobramentos no campo das políticas e práticas de recursos humanos, como remuneração e benefícios. Um outro ponto crítico nesses programas diz respeito à subjetividade das avaliações.

### Dicas

Recomendo que os responsáveis pelos programas de avaliação de competências fiquem atentos às evidências. Essa é a palavra-chave também utilizada nos mais diferentes meios, como na saúde, em auditoria, nas certificações, na acreditação, nos relatórios das empresas de capital aberto, e assim por diante. Recomendo prestar atenção e registrar fatos, atividades, resultados etc. Coloque-se no papel de um documentarista com a intenção de fazer um filme. Aprendi, em Segurança do Trabalho, a fazer uso do chamado incidente crítico, que diz respeito a algo que de fato aconteceu em relação à segurança, qualidade, produtividade etc., de preferência no momento, naquele mesmo dia. Isso vai além de levantamento de dados para elaborar relatórios empresarias. Oriento que registre o fato, descreva sucintamente os resultados de uma negociação, de uma mediação de conflito, por exemplo. Não podemos contar com a memória para fazer um julgamento de graus 1 (inferior) a 5 (superior) em cada competência, no decorrer do ano. Para quem trabalha em gestão de pessoas em projetos, recomendo conhecer obras que tratam da natureza humana para não incorrer em vieses de julgamento e decisão. Efeito de halo, tendência central e economia comportamental dizem respeito a julgamentos e erros. Recomendo as excelentes contribuições de Kahneman (psicólogo ganhador do Prêmio Nobel de Economia). Não deixe de ler também o espetacular livro *Nudge* ("Empurrão") referenciado na Bibliografia.

*Arquitetura de competências – Lominger. Abordagem atual*

Foquemos as competências na abordagem *Lominger Competencies*[1], em número de 67.

### Detalhe importante

Perceba que a mesma competência que posicionei em blocos pode migrar para outro bloco, revelando a necessidade de flexibilização ao lidar com informações. Isso significa que vivemos em um mundo de combinações e não de separações, ou seja, mais raciocínio composicional e menos analítico é desejável para um gestor de projetos na época atual.

*Bloco paradoxos*

- Negociar com ambiguidade
- Negociar com paradoxos
- Gerenciar diversidades

---

[1] *Fonte*: SUCESS FACTOR.COM. *Lominger Performance Factor Definitions*. Disponível em: <http://willrudolph.com/websites/pm/Lominger%20definitions.pdf>. Acesso em 28 ago. 2013.

*Bloco tempo*

- Tomar decisões oportunamente
- Aprender em pleno voo
- Agilidade organizacional
- Estabelecer prioridades
- Gerenciar tempo
- Agilidade estratégica

*Bloco interpessoal*

- Relacionamento com superior
- Gerenciamento de conflitos
- Reportando-se diretamente ou através de outros
- Dirigindo outros
- Relacionamento de companheirismo
- Compreendendo outros
- Construção de equipes efetivas

*Bloco autoconhecimento e intrapessoal*

- Autodesenvolvimento
- Autoconhecimento
- Abertura pessoal
- Paciência
- Compostura
- Permanecer sozinho (sentido de autonomia)
- Ambição de carreira
- Coragem
- Equilíbrio vida/trabalho

*Bloco gestão e negócios*

- Orientado para ação
- Habilidade para pensar e julgar rapidamente e bem quanto a negócios
- Gerenciar através de sistemas
- Trabalho gerenciado e mensurado
- Foco no cliente

*Bloco valores e posturas*

- Ética e valores

O importante, no âmbito do gerenciamento de projetos, é não se ater somente a números, mas dirigir a atenção e o entendimento para o significado que advém dos blocos de competências e desenvolvê-las melhor entre os envolvidos.

## Dicas

A principal orientação que compartilho é a de que se faz necessário uma apreciação de intensidade, ou melhor, de dosagem quanto ao uso de competências. É muito fácil entender e constatar em nosso dia a dia que uma competência pode estar sendo utilizada em excesso, em escassez ou de forma equilibrada. Por exemplo, delegar é importante, mas delegar demais pode ser um problema. Além disso, é preciso considerar outros fatores, como, por exemplo, em que fase do projeto estamos. Na fase inicial, às vezes não temos muitas informações, e isso requer um perfil de competências dos envolvidos apropriado àquela fase. Você já pensou que cada tipo de projeto requer um perfil de competências específico do gestor? Recomendo o brilhante livro *Reinventando o gerenciamento de projetos* de Shenhar e Dvir. Eles apresentam a abordagem diamante, pela qual os projetos podem ser classificados em quatro vetores: novidade, tecnologia, complexidade e ritmo. Além disso, os autores apresentam casos internacionais nos quais houve extrapolação, ora de prazo, ora de custo, ora de cronograma. Com uma nova visão de sucesso, ampliam nossa percepção do que seja sucesso em gerenciamento de projetos.

## 1.3 INSTRUMENTOS DE AVALIAÇÃO E DESENVOLVIMENTO DE COMPETÊNCIAS – VÁRIOS MODELOS

Instrumentos – no contexto de apreciação de capacidades e estratégias para desenvolvê-las – são meios que facilitam a busca, a organização e o uso das informações.

### INSTRUMENTO E GUIA: AVALIAÇÃO DE DESEMPENHO E POTENCIAL

Essa ferramenta é mais qualitativa. As organizações operam muito com números, o que é muito necessário, mas podem pecar por não estimular a descrição e a análise de informações qualitativas. A vantagem dessa abordagem (sistema) de avaliação e desenvolvimento é que o guia contribui para o entendimento comum imprescindível para se avançar em maturidade nas práticas de *assessment* (avaliação, apreciação).

#### 1.3.1.1 INSTRUMENTO

Avaliado por:
Data:
Revisado por:
Data:

Nome:
Função:
Departamento:
Unidade organizacional:
Ano de entrada:

**PASSO 1 – Avaliação dos fatores que contribuem para o desempenho atual**

Qualificações funcionais:

Habilidade gerencial:

Fatores pessoais:

**PASSO 2 – Avaliação do desempenho atual**

Insatisfatório Marginal Aceitável Superior Distinguido

**PASSO 3 – Potencial de carreira**

Curto prazo:

Longo prazo:

Metas e interesses pessoais:

**PASSO 4 – Necessidade de desenvolvimento**

Curto prazo:

Longo prazo:

**PASSO 5 – Plano de desenvolvimento pessoal**

Ações planejadas: Data limite: Responsável:

Curto prazo:

Longo prazo:

## MANUAL DE INSTRUÇÃO

Sua responsabilidade pelo desenvolvimento da organização e de seus recursos humanos requer a apreciação das competências de seus colaboradores, suas necessidades individuais de treinamento e experiência. Esse manual foi desenvolvido como uma ferramenta para tornar esse julgamento o mais eficaz possível.

Sugerimos que, antes de iniciar a avaliação, você examine a descrição de funções e os objetivos anuais do colaborador a ser avaliado, de forma que esteja bem claro o que é esperado dele.

### Etapa 1 – Avaliação dos fatores que contribuem para o desempenho atual

Aqui você deve se preocupar muito mais com o "porquê" do desempenho do que com "qual" é o desempenho atual. Três aspectos devem ser considerados:

**Qualificações funcionais:**
Considerar a formação educacional, o treinamento e a experiência do indivíduo em sua especialidade.
*Os conhecimentos são adequados face às responsabilidades?*
*Mantém-se a par das novidades no seu campo?*
*Em que áreas de conhecimento residem seus pontos fortes?*
*Em que aspectos deve concentrar mais esforços para melhorar?*
*Como aplica seus conhecimentos no dia a dia?*

**Habilidade gerencial:**
*Como planeja, organiza, lidera e controla o seu próprio trabalho e o dos seus subordinados?*
*Quais os pontos mais fortes e quais poderiam ser melhorados?*

**Fatores pessoais:**
*Quais características pessoais, hábitos ou atitudes afetam diretamente o seu desempenho?*
*Como se comporta perante subordinados, pares e superiores?*
*Como influencia ou é influenciado por pessoas no seu relacionamento de trabalho?*

Acrescente duas frases curtas, especificando: conhecimento da língua inglesa (quando não for sua língua materna) e disposição para transferência de local de trabalho.

### Etapa 2 – Avaliação do desempenho atual

*Considerando os requisitos da função e os objetivos anuais, como foi a atuação do colaborador no último ano?*
*Como se comparam os resultados e os objetivos estabelecidos?*
*Em que áreas as expectativas foram superadas?*
*Em que áreas deixou a desejar?*
*Se houve alguma falha maior, ela foi causada por deficiência, falta de empenho ou por motivos claramente fora do seu controle?*

Faça uma avaliação numérica do desempenho, de acordo com a seguinte lista:

5. Distinguido: excelente no atendimento de todas as responsabilidades da função; atingiu ou excedeu todos os objetivos anuais.
4. Superior: acima dos requisitos; atende a todos os requisitos principais da função; atingiu ou excedeu os principais objetivos anuais.
3. Aceitável: corresponde aos requisitos normais da função; satisfatório no cumprimento dos seus objetivos anuais; as melhorias necessárias requerem razoável tempo e esforço.
2. Marginal: desempenho abaixo dos padrões em uma ou mais áreas: a melhoria nessas áreas é realmente necessária e possível.
1. Insatisfatório: desempenho em uma ou mais áreas substancialmente abaixo do aceitável; ações corretivas devem ser tomadas se o colaborador deve permanecer na função.

## Etapa 3 – Potencial de carreira

Essa é uma oportunidade para uma breve reflexão em resultados sujeitos a mudanças futuras. Embora nem todo indivíduo possa ser promovido, mesmo que tenha desempenho satisfatório, todos devem ser ajudados a atingir seu máximo potencial; para isso, é básico que se determine qual seja esse potencial.

Curto prazo: indique o título da função que você acredita poder ser ocupada pelo avaliado dentro dos próximos três anos, indicando:

"Pronto agora"; "Pronto em um ou dois anos". Se você não vê possibilidade de promoção nesse período, escreva o título da função atual.

Se você sente que o indivíduo está mal posicionado ou muito mais qualificado do que a função exige, indique qual seria, no seu entender, o posicionamento correto do avaliado. Isso não o isenta de ajudá-lo a ser pelo menos satisfatório na função atual e é uma indicação de que dever ser feita uma reanálise do caso.

Longo prazo: dois tipos de colaboradores deverão ter essa informação:

1. Os que não têm possibilidade de promoção a curto prazo, mas podem sê-lo em período maior de tempo.
2. Os que têm desempenho e potencial tão destacados que seja possível visualizar o seu progresso através de dois ou mais níveis acima do atual.

Se você não puder visualizar um potencial realístico a longo prazo, não o faça.

## Etapa 4 – Necessidades de desenvolvimento

Analise o que você escreveu nas etapas 1 e 2. Coloque em "curto prazo" frases curtas identificando os fatores que requerem melhoria com o objetivo de aprimorar ou manter o desempenho atual.

Considere as funções que você identificou na etapa 3: analise os requisitos para essas funções e compare com a qualificação que descreveu na etapa 1. "Subtraia" a etapa 1 da etapa 2 e identifique as qualificações que o indivíduo deve adquirir para desempenhar satisfatoriamente nas futuras posições que você identificou. Liste no "curto prazo" as qualificações necessárias para o desempenho das funções que você previu para os próximos três anos.

Liste as demais no "longo prazo".

**Etapa 5 – Plano de desenvolvimento pessoal**

Identifique, para cada uma das necessidades listadas na etapa 4, as ações mais adequadas. Você deve identificar não só as ações que recomenda, como aquelas que o indivíduo deseja tomar voluntariamente. Você deve indicar claramente para cada ação: como, quem e quando. A responsabilidade pela execução de cada ação deve ser identificada. Se o avaliado é livre para executar a ação, deve-se colocar sua iniciais. Se for necessária alguma autorização, deve-se colocar as iniciais do avaliador.

**Etapa 6 – Entrevista de avaliação**

A entrevista deve ser marcada com antecedência, ser feita em local apropriado e, tanto quanto possível, sem interrupções. Procure mantê-la em tom franco e construtivo. Estimule um fluxo de dois sentidos na conversa, de forma que o colaborador tenha a oportunidade de informar, tanto quanto de ser informado. Pergunte-lhe quais são os seus próprios objetivos de carreira e aspirações; se forem muito diferentes do que você previu como potencial, registre-os nos "Objetivos pessoais" na etapa 3.

**Etapa 7 – Revisão**

Faça uma revisão da avaliação, em conjunto com o seu superior. Se houver alguma discrepância entre o seu ponto de vista e o de seu superior, faça um esforço para atingir o consenso. Se isso não for possível, anote os dois pontos de vista no guia. Informe o avaliado sobre eventuais alterações.

## PERFIL DE COMPETÊNCIAS: ESPERADO, REALIZADO E PLANO DE DESENVOLVIMENTO – UMA FERRAMENTA DE AUTOCONHECIMENTO

### 1.3.1.2 Apresentação e orientações gerais

Desenvolvi este trabalho em projetos de consultoria para empresas. Aplico atualmente em minhas aulas, em cursos de especialização e pós-graduação na FEI, Senac-SP e FGV-SP. Faço uso desse meio de coleta de informações em sessões de *coaching* (orientação) individual. Veja que há muitas situações nas quais podemos utilizar um instrumento como esse, criado pelo gestor de projetos ou pela área de recursos humanos das organizações. Antecipo que o instrumento opera com competências (30) em três áreas distintas de atuação de um gestor e se baseia na suposição de que, em cada posição (função), em cada empresa, em dado momento, o perfil de dado gestor será um *blending* (mistura) de capacidades nessas três áreas: negócios, gestão e pessoas. Aqui está mais um instrumento para diferentes gostos e necessidades.

### *Competência*

Conjunto de conhecimentos (saber), habilidades (poder) e atitudes (querer) que possibilita desempenhos adequados aos quesitos da função, de projetos com desdobramento em resultados.

Dependendo do porte da empresa, do segmento de mercado, de sua posição e de outros fatores, algumas competências a seguir podem ser relevantes ou não.

Dependendo do negócio ou função de determinado profissional, o perfil a seguir pode ser alterado quanto ao número de competências e descrição das mesmas.

A lógica do perfil de competências é a seguinte: identificar as competências requeridas pelo trabalho (função, projeto) e comparar com o seu perfil de competências. Espera-se que haja correspondência entre esses dois perfis: esperado e realizado.

**PASSO 1 – Análise do seu trabalho**

Em que empresa e área você trabalha?______________________________

__________________________________________________________

Qual a sua função? __________________________________________

__________________________________________________________

Quais são as principais atividades do seu trabalho?

__________________________________________________________

__________________________________________________________

__________________________________________________________

__________________________________________________________

Quais são as principais competências (técnicas, de negócios, organizacionais, de gestão, humanas e outras) requeridas por sua função ou pelo projeto?

___

___

___

___

*Nota*: Essas informações servem como "pano de fundo" para os demais passos.

**PASSO 2 – Perfil de competências esperadas**

Leia as competências a seguir e circule aquelas mais importantes para o seu trabalho atual. Use as informações do passo 1 como referências. Fica a seu critério o número de competências escolhidas. Ao ler cada uma, já grife.

**PASSO 3 – Perfil de competências entregues**

Faça uma autoavaliação de performance com base apenas nas competências assinaladas para você na fase anterior. Considere o período de janeiro até o momento.

Use:

- Uma seta para cima para aquelas que estão mais presentes em seu desempenho (procure algumas evidências: cenas, documentos, feedback de outras pessoas, resultados atingidos etc.).
- Uma seta para baixo para aquelas que estão menos presentes em seu desempenho.

**PASSO 4 – Análise de GAP (diferença)**

Setas para cima em competências circundadas significam forças, e setas para baixo mostram limites.

**PASSO 5 – Interpretação e implicações**

O que você descobriu com esse diagnóstico? Qual a implicação prática do mesmo para sua vida, seu trabalho, sua atuação em processos e projetos etc.?

### 1.3.2.2 Instrumento (Perfil de Competências)

**1. Visão de negócios e mercado**

Conhecimentos do segmento em que atua na perspectiva da região, estado, país e mundo. Mantém-se informado sobre a evolução do mercado através de leituras, feiras, visitas e outros meios.

**2. Estratégia**

Estabelecer estratégias que considerem o contexto, os objetivos, os recursos disponíveis, os princípios e os processos da empresa. Estabelecer planos de ação. Criar mecanismos de medição, avaliação e correção de rumo.

**3. Recursos humanos**

Habilidade em recrutar, selecionar, remunerar, treinar, avaliar potencial e desempenho, oferecer benefícios, manter ou dispensar funcionários. Organizar e alinhar os funcionários para a realização das metas da organização com satisfação dos envolvidos.

**4. Diferencial competitivo**

Foco em qualidades específicas da organização que a torna singular em relação aos concorrentes diretos (mesmo segmento) e indiretos. Relaciona-se com a marca na percepção de clientes. Fazem com que os clientes (pessoas físicas e jurídicas) optem por comprar na empresa. Competência relacionada com atração e retenção de clientes.

**5. Orientação para resultados**

Foco em objetivos, metas e resultados numéricos (indicadores financeiros e outros)

**6. Trabalho de equipe**

Conseguir cooperação e comprometimento. Buscar resultados de equipe voltados para a visão de objetivos compartilhados. Criar ambiente adequado para o reconhecimento da equipe. Estimular a aprendizagem individual e dos grupos de trabalho.

**7. Foco no cliente**

Identificar e antecipar o que os clientes precisam e valorizam. Estabelecer objetivos direcionados para o total atendimento do cliente. Valorizar ações e resultados que priorizem o cliente quanto a atendimento e serviços.

**8. Solução de problemas**

Habilidade objetiva e prática que permite identificar desafios e propor alternativas de resolução.

**9. *Coaching*/orientação**

Habilidade para monitorar, assessorar e aconselhar os funcionários individualmente e em equipe visando atender às suas necessidades na realização de trabalhos, melhoria da comunicação e relacionamento interno.

**10. Decisões sobre investimentos**

Capacidade para saber empregar recursos (tempo, dinheiro, trabalho, pessoas, tecnologia e outros) no que traz retornos mais significativos.

**11. Gestão do tempo**

Habilidade para administrar os mais diferentes recursos no tempo e dentro do prazo previsto.

**12. Relacionamento interpessoal**

Habilidade para estimular e manter um relacionamento pessoal e profissional harmônico e saudável. Facilidade de relacionamento interpessoal e de convivência em relação a superiores, pares, equipes e outros.

**13. Senso de prospecção**

Antecipar oportunidades de negócios e clientes em potencial. Vislumbrar formas de viabilizar novos negócios.

**14. Negociação**

Habilidade para desenvolver relações em que as partes envolvidas obtêm resultados positivos.

**15. Perseverança**

Atitude de persistência diante de adversidades mantendo a crença e a vontade em perseguir o caminho na conquista de resultados. Postura individual e estímulo às conquistas grupais.

**16. Pesquisa**

Capacidade para diagnosticar situações com base em levantamento de informações (observação, entrevista, conversa etc.) sobre necessidades, satisfações, insatisfações e ideias com fornecedores, clientes, concorrentes e outros agentes visando facilitar decisões de negócios.

### 17. Gestão de mudanças

Habilidade em conceber e implementar processos de mudanças planejadas com menos resistência e mais adesão.

### 18. Iniciativa

Habilidade que permite a tomada de dianteiras nas ações através de postura ativa e dinâmica. Implica, algumas vezes, a busca por ser o primeiro.

### 19. Processos/projetos

Visão de processos (conjunto de atividades e tarefas desenvolvidas para satisfazer clientes internos e/ou externos), projetos, campanhas e programas da organização. Envolvimento na concepção, desenvolvimento, implementação e avaliação dos mesmos na organização.

### 20. Capacidade de decisão

Capacidade de decidir em diversas situações, de forma coerente e hábil, com base em fatos e dados.

### 21. Comunicação

Habilidade para se expressar por escrito e verbalmente ideias, conceitos e orientações de forma clara e objetiva.

### 22. Técnica

Competências específicas, em relação ao trabalho que desenvolve, adquiridas por formação, cursos, especializações, leitura e/ou experiências.

### 23. Delegação

Transferir trabalhos para indivíduos e grupos negociando o compartilhamento de autoridade e responsabilidade.

### 24. Ética

Postura de consideração, respeito e moral nas transações de negócios. Agir de acordo com normas e regulamentos.

### 25. Tecnologia

Conhecimento e uso de recursos eletrônicos e afins (equipamentos, software etc.) como apoio ao trabalho e/ou negócio.

### 26. Inovação

Capacidade para introduzir inovações necessárias em processos, produtos, serviços, atendimento e afins.

**27. Criatividade**

Habilidade em buscar e/ou criar soluções novas, diferentes e impactantes na forma como as pessoas trabalham.

**28. Senso de propriedade e endomarketing**

Comunicação e relacionamento interno através de campanhas (programas) visando dar informações, estimular a integração e melhor atender as expectativas de clientes internos e externos. Implica criar um ambiente em que todos se sintam responsáveis pela empresa.

**29. Atendimento personalizado**

Competência no relacionamento com fornecedores, clientes e/ou áreas da empresa de forma especial.

**30. Tolerância ao estresse**

Habilidade para lidar com situações incertas, adversas, ambíguas, e superá-las mantendo o equilíbrio emocional.

*Nota:* A classificação pode ser reorganizada por outros critérios e objetivos.

## 1.3.2.3 MEU PERFIL

**Marque suas forças (competências circundadas e setas para cima). Marque a seguir os números das questões referentes a essas forças.**

**(orientação: Negócio)**
**1 – 4 – 7 – 10 – 13 – 16 – 19 – 22 – 25 – 28**

**(orientação: Gestão)**
**2 – 5 – 8 – 11 – 14 – 17 – 20 – 23 – 26 – 29**

**(orientação: Liderança/Pessoas)**
**3 – 6 – 9 – 12 – 15 – 18 – 21 – 24 – 27 – 30**

**Cite seus limites (competências circundadas e setas para baixo):**

__________________________________

__________________________________

__________________________________

__________________________________

### 1.3.2.4 ROTEIRO DE ANÁLISE DOS DADOS

Que bloco de competências apresentou valor maior?

Que bloco de competências apresentou valor menor?

Resultados equilibrados ou diferentes uns dos outros?

Interpretações finais.

### 1.3.2.5 PLANO INDIVIDUAL DE DESENVOLVIMENTO

Em um primeiro esboço de plano de desenvolvimento de competências, quais seriam as principais ações que podem ser realizadas com base no seu perfil e na sua atuação em projetos? Considere suas ambições, carreira, metas estratégias/táticas requeridas a curto e médio prazos pela organização.

| AÇÃO | INÍCIO (DATA) |
|---|---|
| | |
| | |
| | |
| | |

*Nota*: Esse exercício tem caráter didático visando levar o profissional a analisar de forma intuitiva/dedutiva as competências requeridas por seu trabalho e suas competências. Isso permite elaborar um plano de ação com base nesse autodiagnóstico. Em um trabalho empresarial, há muitas diferenças em relação ao exercício realizado aqui. Por exemplo, o perfil de competências esperado para a empresa ou conjunto de funções é dado pela empresa, o perfil de competências dos funcionários é definido pelo superior, números são utilizados para graduar as competências, softwares são utilizados para processamento dos dados etc.

### 1.3.2.6 Material de apoio para melhor entender e saber utilizar o instrumento citado anteriormente

A valorização das competências, nos últimos anos, revela a crença de que os resultados das organizações, dos grupos, dos colaboradores dependem em grande parte de seus desempenhos. Estes, por sua vez, dependem em grande parte de competências.

*Gestão por competências*

Significa gerenciar pessoas e equipes com base em competências.

*Competência*

Conjunto de conhecimentos, habilidades, atitudes, comportamentos e resultados alcançados por um profissional no exercício de seu papel profissional (função).

*Metodologia para identificar e desenvolver competências*

Metodologia significa o caminho para se chegar a algum lugar. Alguns preferem o termo estratégia, enquanto outros optam pelo "como". Um caminho é composto de etapas ou fases.

Primeiro, identificamos o trabalho a ser realizado por alguém, em seguida o perfil de competências requerido para essa função, depois, aplicamos técnicas para identificar as competências fortes e limitantes dos colaboradores, montamos um plano para desenvolver as competências desejadas, acompanhamos e avaliamos os resultados. Esse trabalho pode ser desenvolvido para a equipe.

*Técnicas para identificar competências*

Técnicas são ferramentas para se alcançar algo. Alguns instrumentos que podem ser utilizados para identificar competências:

- *Check-list* de competências; por exemplo, autopercepção ou percepção de outros sobre nossa atuação (forte e limitante).
- Conversa; por exemplo, troca de ideias, opiniões etc.
- Entrevista; por exemplo, de seleção, de avaliação de desempenho.
- Jogos.
- Simulações; por exemplo, representar papéis.
- Observação de desempenho em uma atividade.
- Leitura dos produtos gerados por uma pessoa; por exemplo, relatório.
- Promoção de produtos e serviços; por exemplo, visita comercial.

- Uso do tempo; por exemplo, tempo de lazer envolvido com qual atividade.
- Áreas de interesse em leituras; por exemplo, livros, jornais, revistas, internet etc.
- Cursos, palestras, congressos e outros.
- Profissão; por exemplo, administrador; cargo; por exemplo, gerente de recursos humanos.
- Ramo da empresa; por exemplo, farmacêutico, automotivo etc.
- *Curriculum vitae* é uma fonte de informações sobre a história do indivíduo.

Os meios apontados são oportunidades para conhecer as competências de uma pessoa ou equipe. O desafio é descobrir as competências através desses meios. Por exemplo, um profissional que só faz cursos técnicos em sua área de atuação e nenhum na área gerencial provavelmente expressa uma visão especializada e pouco de gerenciamento. É provável. Cada caso é um caso e deve ser analisado individualmente.

*Técnicas para desenvolver competências*

- Estágios.
- Treinamento *in the job* – desenvolver capacidades no próprio trabalho.
- *Job rotations* – passar por várias posições.
- Pesquisa nos vários meios de comunicação; por exemplo, internet.
- Oficinas – aprender fazendo.
- Eventos em geral – cursos, palestras, congressos etc.
- Visitas – *benchmarking*.
- Novas posições – promoção ou transferência para outra área.
- Leituras em geral e especializadas.
- Participação em grupo de trabalho – interno e externo à organização.
- Escrever artigos.
- Apresentar-se publicamente.
- Responder positivamente aos trabalhos demandados na área.
- Colocar desafios para si mesmo e procurar superar obstáculos.

Esses meios são oportunidades para desenvolver competências de uma pessoa ou equipe. O desafio é descobrir formas específicas e gerais para ampliarmos nossas competências. Por exemplo, um profissional que precise ampliar suas competências sobre LIDERANÇA pode optar por uma pós-graduação nessa área, enquanto outro profissional que precise melhorar sua competência na GESTÃO DE TEMPO pode fazer um curso de extensão.

PERFIL DE COMPETÊNCIAS – MODELO 5 W E 2 H

### 1.3.3.1 Onde buscar referência para adequação à realidade empresarial?

Veja que as abordagens sobre avaliação e desenvolvimento de competências ocorrem nas organizações mais no nível individual. Dependendo de como os instrumentos são montados e do programa de recursos humanos, é possível fazer sobreposição dos dados de cada avaliado por setor, por nível hierárquico e, assim, ter informações sobre muitos perfis. Esse procedimento ajuda na elaboração do levantamento de necessidades de treinamento & desenvolvimento e seus programas de palestras, cursos etc., *coaching* dirigido a grupos da organização com orientações específicas. Perceba que há uma relação direta entre as atividades organizacionais em processos, em projetos e a área de recursos humanos da empresa. A avaliação não ocorre num vácuo, mas em determinados contextos. Se sua organização e seu projeto têm como destaque a qualidade, se a cultura da empresa tem programas de garantia e controle de qualidade presentes, como, por exemplo, no setor farmacêutico, por que não utilizar nesse contexto um ferramental que tenha como base o tão conhecido PDCA (*Plan Do Check Act*)?

Assim, o instrumento que criei baseia-se nas sete perguntas-chave utilizadas, há muito tempo, nos mais diferentes contextos e que foram consagradas no movimento da qualidade:

5 W: *Who, What, When, Why, Where*
2 H: *How, How Much/Many*

## 1.3.3.2 INSTRUMENTO

(Esboço de uma ferramenta orientada para capacidades bom base em 5 W e 2 H)

NOME : FUNÇÃO: DATA:

COMPETÊNCIAS FORTES para aplicação no desempenho individual, cargo, área, processos e planos

1.
2.
3.
4.

COMPETÊNCIAS A DESENVOLVER para evolução do perfil com esforço próprio e apoio de tutores, gestores, equipe e pares

1.
2.
3.
4.

---

O QUÊ/*WHAT*

Ação

---

POR QUÊ/*WHY*

Motivos

---

COMO/*HOW*

Técnica

---

ONDE/*WHERE*

Lugar

| **QUANDO/WHEN**<br>**Tempo** |
| --- |
| **QUANTO/*HOW MUCH – HOW MANY***<br>**Impacto**<br><br>**INDICAÇÃO DE TUTOR(ES) e Áreas** |

## Guia de orientação

Ao conceber a estrutura do plano, foi considerada a filosofia dos 5 W, 2 H tão disseminados pelo mundo pelos programas de qualidade.

*Quem (sujeito)* – Who

Identificação do profissional e da área.

- Competências fortes: com base na análise do seu **Perfil de Competência**, escolha competências em que você obteve resultados mais elevados. Após essa identificação de competências, coloque-as no formulário **PDCI**.
- Competências a desenvolver: escolha as competências em que você obteve resultados mais baixos. Cite-as no formulário.

Considerando as competências a desenvolver no seu conjunto, procure constituir um plano de ação para desenvolvê-las. Os parâmetros a seguir servem de guia para a elaboração do PDCI (Plano de Desenvolvimento de Competências Individual).

*O que (ação)* – What

Identificação da prática em que a(s) competência(s) será desenvolvida.

Esta prática pode ser um processo, um evento, um objeto etc.

Envolve, em geral, uma ação e um foco.

*Por que (motivos)* – Why

Explicitação das razões pelas quais aquela ação faz-se necessária.

*Como (técnica)* – How

Definição dos métodos que viabilizam a ação proposta.

Inclui mecanismo de verificação e controle para acompanhar a evolução.

É muitas vezes expresso por um indicador (numerador e denominador).

*Onde (lugar)* – Where

Especificação do contexto: interno e/ou externo.

*Quando (tempo)* – When

Refere-se ao tempo de execução/prazo – cronograma: meses, dias, horas.

*Quanto (valor/impacto/efeito)* – How Much; How Many

Refere-se a metas a serem atingidas – aumentar..., diminuir... em %.

É muitas vezes expresso por um indicador (numerador e denominador).

Indique tutores da empresa ou fora dela que possam apoiá-lo em seu crescimento.

*Alianças/apoiadores/tutores*

Identifique os profissionais com os quais pode receber apoio nas competências. Você pode identificar as áreas em que pode receber suporte para o desenvolvimento de suas competências e alavancar resultados, oferecendo um padrão diferenciado ao cliente externo.

Cite o nome do profissional e área no formulário.

- Esse processo exige alianças e alocação de competências, tanto do profissional (forças e limites) quanto de apoiadores (gestores, tutores, pares, equipe etc.).
- Implica responsabilidade individual vinculada a uma postura de busca de cooperação.

## 1.4 RELATO DE EXPERIÊNCIAS EM AVALIAÇÃO E DESENVOLVIMENTO DE COMPETÊNCIA – CASO TELECOM EM OITO LIÇÕES APRENDIDAS

Durante dois anos, uma equipe de profissionais com distintas qualificações desenvolveu um projeto em alguns estados e com vários níveis hierárquicos, no qual um gerente de projeto articulava meios para atingir os resultados esperados. Eu tinha o papel de consultor sênior com orientação para o aspecto organizacional.

Revendo a experiência vivida, elenco as oito principais lições aprendidas como profissional da equipe de projetos.

1. A composição da equipe do projeto deve considerar alguns requisitos, como alianças que se complementam entre os membros e a necessidade de coesão interna para uma relação de lealdade com o cliente, as partes interessadas.
2. O levantamento da realidade empresarial em seu momento atual, seus planos de negócios, estrutura, cultura, políticas, sistemas internos e muitas outras dimensões, deve embasar a concepção do projeto e ser realizada em comum acordo com diretores e gestores da organização. São entrevistas, observações, análise de relatórios e os mais diferentes tipos de documentos que permitam uma aproximação e o mapeamento da organização.
3. Todo o levantamento entre quem oferece o serviço e quem recebe e participa ativamente de todo o processo. Vários fatores devem ser considerados: que níveis e públicos avaliar, trabalho realizado pelos profissionais, elenco de quais competências requeridas, valor e graus das mesmas para diferentes populações (segmentos, tipos) de colaboradores, formas de avaliar as competências, formas de compor os dados com apoio de programas especialmente desenvolvidos para esse processamento.
4. A tecnologia digital tem papel relevante em um projeto. A apresentação do plano do projeto com uso da MS Project, de softwares especificamente criados para o tratamento dos dados de avaliação de competências com seus vários desdobramentos, a criação de um disco em Flash no qual toda a dinâmica da avaliação de perfil seja apresentada, a produção de filme para mostrar a visão global e

particular do projeto, o uso de teleconferência para simultaneamente conversar com vários polos distribuídos pelo país e muito mais sensibilizaram as pessoas e ajudaram no entendimento, na credibilidade, no engajamento ao projeto.

5. Deve estar claro para ambas as partes que a avaliação serve a propósitos variados e que nesse caso visava apoiar programas corporativos de desenvolvimento de competências, assim como dar condições aos avaliados de entender o seu perfil individual e saber estabelecer planos de desenvolvimento.
6. A forma de avaliar a competência é um fator-chave, pois a subjetividade é um dos problemas. Para isso, foram utilizadas oito provas aplicadas em *workshops* com profissionais capacitados aos funcionários distribuídos em grupos.
7. Todo um processo de treinamento foi realizado com os envolvidos visando a compreensão do projeto e, especificamente, como interpretar o seu perfil de competências, com orientações básicas para montar e acompanhar o seu plano de desenvolvimento com apoio superior. Nas sessões individuais e grupais de *coaching* realizadas com os envolvidos percebe-se a necessidade de estabelecer diálogo aberto e franco, que naturalmente desperta nas pessoas a confiança.
8. Toda relação próxima entre consultoria e direção da empresa faz a diferença em todo o ciclo do projeto, das primeiras negociações à apresentação do projeto de consultoria para todos (presencialmente e a distância, contando com os recursos eletrônicos), da construção conjunta e negociada até os aspectos técnicos envolvidos, como, por exemplo, a validação das competências e seus pesos e graus por tipo de segmento da empresa (pessoal administrativo, técnico, comercial, gerencial), até as reuniões para interpretação das informações levantadas e que requerem entendimento para apoiar decisões estratégicas.

Esse caso tornou evidente para mim que uma das chaves do sucesso de um projeto reside nas relações estabelecidas entre quem presta e quem recebe o serviço. É uma interação em que muitas lideranças podem contribuir coletivamente para que os resultados aconteçam como função das estratégias durante o percurso.

## 1.5 APRENDENDO SOBRE INTEGRAÇÃO DAS ÁREAS DA ORGANIZAÇÃO ATRAVÉS DO DIÁLOGO ENTRE PERSONAGENS

Utilização de *diálogos ricos* para evidenciar a integração.

*Cooperação com evolução: RH e área comercial/vendas*

Aquela sessão de criatividade e inovação com a equipe comercial foi marcante.

A ideia de incluir um especialista de nossa área técnica nas visitas de nossos gerentes de contas já está produzindo resultados. Estamos fechando contratos num tempo 40% menor.

Nada como um *workshop* em atendimento a clientes colocado em prática. Fizemos uma sondagem com os vendedores e com alguns clientes. Muitos clientes querem, com urgência, não uma proposta final de serviços, mas uma pré-proposta. Estávamos perdendo para a concorrência em função da demora para elaborar o projeto com todos os detalhes. Hoje, agilizamos o jurídico, a área técnica e comercial, e reduzimos a resposta ao mercado na pré-proposta e proposta final. O número de contratos/mês aumentou em 15%.

A aliança entre a área de RH e a comercial está tendo ganhos múltiplos. Tenho uma visão melhor da área comercial desde que fiz visitas a campo com você. Elaboramos em conjunto o programa de ataque e ocupação de mercado. A seleção, o desenvolvimento, a avaliação de potencial e performance, e a remuneração variável estão mais próximas das exigências e do cumprimento das cotas de vendas. Posso avaliar com mais critérios o resultado do trabalho de RH em função da comparação das metas previstas e realizadas, resultados atuais comparados com o histórico.

*Cooperação com evolução: RH, área de TI e gestão do conhecimento*

Estamos de fato na era digital – velocidade, conectividade e intangibilidade fazem parte de nosso dia a dia. Veja o proveito que o pessoal está tendo com os programas de *e-learning* depois que o RH começou a fazer dueto com a TI e a Gestão do Conhecimento. Educação presencial aliada ao trabalho a distância. A área de marketing deu excelentes sugestões. Estamos usando em excesso as linguagens verbal e fotográfica. Agora conseguimos equilibrar com outras formas de atrair a atenção e estimular o entendimento. O número de adeptos cresceu 100% em seis meses. Constatamos que os participantes do programa estão se tornando multiplicadores e obtêm resultado melhor nas avaliações 360º.

*Cooperação com evolução: RH e área industrial*

Pouco a pouco, estamos rompendo os feudos. O princípio praticado mas não dito era: cada macaco no seu galho, cada um por si e Deus por todos. Estamos envolvendo os vários níveis e várias áreas na descoberta de soluções para atingir os indicadores. Esta é a hora da verdade, da prestação de contas. Veja: sensibilizamos o pessoal para os valores responsabilidade com autoridade, equipe, inovação e inclusão. Equipes foram colocadas no desafio de elaborar esquemas – com o menor custo, o menor tempo, o menor risco, o menor esforço –, e veja o resultado. A meta da área de suprimentos, criar um sistema de avaliação de fornecedores, já está funcionando. O grupo recebeu *coaching* orientado de RH em relação à forma de trabalhar. Fez o plano com todas as especificações. Entregou o plano para o programador e o analista de sistema, que deram o último passo. A meta foi implantada em 1/3 do tempo previsto.

Pertencemos a um setor em que a sazonalidade está presente. RH e logísticas deram as mãos e fizeram um estudo de tempo, movimento e volume no centro de distribuição. O estudo também contou com a ajuda da contabilidade de custos. Optamos por terceirizar parte da mão de obra, que significa a margem de variação mensal. A outra parte é fixa. Demos treinamento específico para otimizar o processo. Esse trabalho conjugado entre as áreas permitiu algumas conclusões:

- Autoestima e valorização pelos colaboradores fixos.
- Transformação do custo fixo em variável.
- Custo da logística com base no volume de toneladas movimentadas.
- Adequação do custo da operação com a demanda.
- Isso é de fato saber lidar com problemas internos e externos de forma inteligente.

## 1.6 BOAS PRÁTICAS PARA O GESTOR QUANTO AO DESENVOLVIMENTO DE EQUIPES

*Introdução*

Orientações quanto ao desenvolvimento da capacidade de desenvolver equipes.

### Equipe

Conjunto de pessoas com objetivos comuns, atuando de forma articulada, em que o importante é a conquista de todos e não a individual. "Todos os membros da equipe de projeto, inclusive a equipe de gerenciamento de projetos, o gerente de projetos e, para alguns projetos, o patrocinador do projeto." (*Guia PMBOK®*).

### Características

Disposição e comprometimentos dos membros para cooperação/coesão, diminuição de divergências e conflitos para um propósito maior, clareza de direção e caminho convergente, consumo de menos recursos e esforços para busca de maiores e melhores resultados, senso de pertença, cada membro oferece o melhor de si e busca complementaridade de competências nos outros, sentimento de realização e reconhecimento pelas conquistas.

### Frases que são exemplos de equipe

A união faz a força.

Um por todos e todos por um.

Um mais um é três.

Equipe é como um time do esporte.

Equipe é como uma orquestra em que cada um tem seu papel e instrumento, e todos tocam a mesma música com a regência do maestro.

### Frases que são antiexemplos de equipe

Cada macaco no seu galho.

Cada um por si e Deus por todos.

Cada coelho na sua toca.

Cada um olhando para o seu umbigo.

Cada um vê a árvore e não a floresta.

O individualismo, os egos, as vaidades, o jogo de poder imperam nesse território.

Cada um caminha numa direção.

### Podemos falar de equipes na perspectiva

**Habitual:** Gestor/líder e sua equipe

**Inovadora**

- Entre os sócios/diretores.
- Entre os níveis da empresa (da direção até o operacional).
- Entre as áreas e os processos da organização.
- Entre empresa e fornecedores, clientes e parceiros de negócios.
- Entre a tradição da empresa e a inovação etc.

### Desenvolvimento de equipes

Preparação dos profissionais da organização para saberem atuar de forma coordenada e alinhada com os objetivos, visando atender melhor os clientes, com resultados e satisfação dos envolvidos.

### Diferencial competitivo

Construção de competências singulares e diferenciadas.

Vantagem que uma organização detém sobre outras para lhe assegurar êxito temporário ou duradouro.

**O diferencial competitivo pode ocorrer de várias formas:**

- Pela marca.
- Pelo atendimento.
- Pela proximidade física.
- Pelas facilidades de compra.
- Pelos produtos/serviços.
- Pela segurança quanto à rapidez de atendimento, prazo de entrega, qualidade dos produtos/serviços e outros.
- Pela posição geográfica.
- Pela disponibilidade imediata dos produtos.
- Pela novidade.
- Pelas instalações físicas.
- Pela tecnologia.
- Pela relação com sócios e funcionários etc.

## Como desenvolver equipes

- Técnicas de comunicação e relacionamento.
- Práticas de gestão de pessoas.

A seguir são apresentadas técnicas e práticas para lidar com equipes,[2] visando ao diferencial competitivo com satisfação de clientes, funcionários e direção.

Essas práticas podem ser utilizadas em sessões de *coaching*/orientação, reuniões, *workshops*, projetos, programas, campanhas empresariais, planos de negócios e outros. Podem ser utilizadas por dirigentes, gestores, líderes e outros profissionais (da empresa e/ou terceiros).

### 1. Como desenvolver equipes para atrair, conquistar e reter clientes?

Técnica da pesquisa e prospecção (opção 1). Montar equipe com interesse em pesquisar os clientes potenciais e atuais quanto a satisfações,

[2] As técnicas apresentadas foram criadas ou readaptadas pelo autor. Os desafios e soluções apresentados têm como base a experiência do autor em consultoria.

insatisfações, sugestões de melhorias e inovações. As pesquisas podem ser quantitativas e qualitativas, formais ou informais. Essas informações são registradas e tratadas, servindo de apoio para decisões de investimentos visando à captação e manutenção de clientes.

Técnica do vendedor/pesquisador (opção 2). Representantes/consultores de vendas são orientados a praticar o marketing do relacionamento no sentido de levantar os mais diferentes dados sobre o cliente (informações pessoais, satisfações e insatisfações em relação ao produto, forma como usa o produto etc.). Essas informações são repassadas para a empresa, que procura organizá-las em um banco de dados e fazer uso desse conhecimento para lançamento de produtos e campanhas para captar e reter clientes. O plano de comunicação da empresa pode fazer uso dessas informações.

**2. Como desenvolver equipes para realizar um atendimento de destaque a clientes?**

Partir de um conjunto de práticas (ver o livro *Incrível atendimento ao cliente*, de D. Freemantle. Makron, 1994). Exemplo de práticas: cumprindo a promessa de atendimento; atitudes positivas; reparação rápida; pequenos extras; imagem impactante; estar por dentro etc.

Reunir um grupo de pessoas que estão envolvidas direta e indiretamente (apoio) com o atendimento a clientes. Solicitar a cada membro do grupo que se recorde de experiências vividas (positivas e negativas) como consumidor/usuário nas práticas citadas. Registrar essas experiências em um primeiro momento e apresentá-las em um segundo momento. Isso sensibiliza as pessoas para a importância do cumprimento de certos princípios de atendimento. Extrair lições aprendidas e propor plano de ação real para a organização com base nessas boas práticas citadas pelo autor. Implantar e acompanhar o plano nas ações do cotidiano. Avaliar resultados com base em aumento de faturamento, diminuição do número de queixas, aumento de elogios de clientes etc.

**3. Como desenvolver equipes para a integração de áreas da organização?**

Prática de reuniões com apresentação de cada área. Apresentar a sua área e mostrar como as demais podem apoiá-la. Perguntar em que sua área pode melhor atender as demais áreas.

**4. Como desenvolver equipes para o alinhamento estratégico?**
Técnica de comunicação e relacionamento vertical (opção 1). A diretoria informa o nível seguinte da hierarquia sobre os desafios a serem enfrentados, objetivos e planos empresariais. Esse nível passa as informações para o outro nível. A informação é levada, portanto, do nível estratégico para o tático e deste para o operacional.

Técnica do percurso (opção 2). Verificar com a direção o rumo a seguir e levantar com o grupo de trabalho o caminho a percorrer. Três perguntas servem de guia para a discussão: 1. Onde estamos (diagnóstico)? 2. Para onde vamos (direção)? 3. Como chegaremos lá (caminho)? Essa abordagem é facilitada quando a empresa possui planejamento estratégico.

**5. Como desenvolver equipes para destacar a marca?**
Técnica da citação do nome da empresa e/ou logotipo em todas as comunicações internas e com o mercado. Atendimento telefônico, vendas, uniforme, documentos e outros são oportunidades para divulgar a marca visando ao *recall*, ou seja, ser a primeira a ser lembrada na mente do cliente.

**6. Como desenvolver equipes para melhoria de indicadores?**
Técnica dos cinco minutos. No início e fim do expediente, fazer reunião com os funcionários da empresa ou de uma área e colocar uma prioridade para o dia no sentido de que todos se empenhem em fazer o melhor naquele indicador, além de manter o padrão de trabalho nas demais atividades. Por exemplo, higiene e limpeza.

**7. Como desenvolver equipes para reduzir os custos e aumentar as receitas?**
Técnica de *brainstorming* (tempestade cerebral). Fazer reunião com os colaboradores e expor os princípios da técnica: suspensão do julgamento, importância da quantidade de ideias, valor da associação livre, ideias absurdas são bem-vindas. Em um segundo momento, as melhores ideias são selecionadas com base em alguns critérios e caminha-se para um processo de apuramento até chegar às ideias mais viáveis que podem ser implementadas a seguir.

**8. Como desenvolver equipes para que valorizem o seu trabalho, em especial os produtos da empresa?**
Prática de levar clientes/usuários dos produtos da empresa para fazerem depoimentos na mesma. Por exemplo, produtos médicos.

**9. Como desenvolver equipes para superar metas de produção ou vendas?**
Técnica de premiações e recompensas coletivas com festa de confraternização.

**10. Como desenvolver equipes para melhorar desempenhos de funções como compradores e vendedores?**
Técnica da inversão de papéis com simulações de transações de compra e venda.

**11. Como desenvolver equipes para envolvimento, comprometimento e participação?**
Técnicas de dinâmica de grupo com arrumação da sala em forma de círculo ou U. O líder solicita que cada um faça um relato sobre o que está em questão/pauta. O tempo de cada apresentação é pequeno para que todos participem. O movimento pode se iniciar pela esquerda do líder e terminar à sua direita. Em outra rodada inverte-se o sentido, ou seja, da direita para a esquerda.

**12. Como desenvolver equipes para melhor compreensão dos assuntos discutidos?**

Técnica dos recursos multimídia (opção 1). Fazer uso de filmes, frases, casos, parábolas, metáforas, fotografias etc. Exemplos:

- Lição dos gansos:
  <http://www.neuroticosanonimos.org.br/depoimentos/gansos.htm>
- Lição das sardinhas:
  TUCKER, James A. *Liderança, aprendizado e o peixe.* Disponível em: <http://www.unisa.br/cbel/artigos04/06_jamestucker_pt.pdf 2013.>

Técnica do cochicho (opção 2). O condutor da reunião forma pares por proximidade física e cada par faz sinopse do que entendeu sobre o assunto apresentado em um tempo pequeno.

Técnica da exposição-feedback (opção 3). O líder explica algo para uma pessoa ou equipe e solicita imediatamente que ela diga o que entendeu. Por exemplo: Vocês poderiam me dizer o que entenderam para eu verificar se me fiz entender?

**13. Como desenvolver equipes através de reuniões eficientes?**
Técnica da complementaridade. A reunião é dirigida por duas pessoas: uma coordena e a outra registra os pontos principais da mesma. Dependendo da situação e dos objetivos, a pessoa que registra pode observar e registrar comportamentos individuais e grupais. A vantagem é que uma se concentra na condução da reunião e o que está sendo discutido, e a outra registra conteúdos apresentando-os em momentos oportunos. Pode haver rodízio entre as duas pessoas.

**14. Como desenvolver equipes para inovar em produtos e serviços?**
Técnica das 10 faces da inovação (ver o livro *As 10 faces da inovação*, de T. Kelley, Campus, 2007). O autor apresenta 10 tipos humanos que podem contribuir para processos de inovação: antropólogo, experimentador, polinizador, saltador de obstáculos, colaborador, diretor, arquiteto de experiências, cenógrafo, cuidador e contador de histórias. A partir da compreensão da proposta do autor, estimular o grupo a descobrir na organização os profissionais que se aproximam dos tipos descritos. Não é necessário que haja identificação dos 10 tipos. A sequência de passos a seguir pode ajudar no desenvolvimento de equipes como diferencial competitivo: em que inovar na organização; quem pode contribuir com o quê (tipo humano/*persona*); descoberta da inovação; ação, resultados e compartilhamento de ganhos e comemorações.

**15. Como desenvolver equipes para disseminar políticas, princípios e práticas na empresa?**
Prática dos multiplicadores. Formar e desenvolver equipes para multiplicar informações e conhecimentos na organização. Os multiplicadores são colaboradores da organização e voluntários. Por exemplo, programa de qualidade, segurança e outros.

**16. Como desenvolver membros da equipe e a equipe como um todo em competências?**
O empresário, o diretor, o gestor ou o líder precisa conhecer seu perfil de competências. Pode fazer uso de um instrumento em que consta um perfil geral de competências. Muitas empresas possuem programas de gestão por competência e desenvolvem seus próprios perfis. É recomendado que, primeiro, o gestor passe pela experiência de autopercepção em competências

e visualize formas de desenvolver suas competências limitantes e melhor aproveitar as competências fortes. Assim, estará em melhores condições de fazer o mesmo com os membros de sua equipe. Pode, também, identificar em conjunto com os membros da equipe quais são as forças e limites da mesma e criar o plano de ação para a melhoria de desempenho. Os planos individuais e de equipe devem ser acompanhados e avaliados.

## 1.7 PRATICANDO *COACHING* (ORIENTAÇÃO) NA RELAÇÃO GESTOR E COLABORADOR POR MEIO DE UM DIÁLOGO CONSTRUTIVO

### Diálogo entre gestor e colaborador (interação cara a cara)

**Colaborador**

*Elaborei meu plano de ação individual e gostaria de trocar algumas percepções com você.*

*O plano contempla ações para desenvolver algumas competências na direção do perfil esperado. Já troquei ideias com o meu tutor e tenho claro alguns caminhos a seguir. A primeira reunião com os pares já aconteceu e foi muito produtiva.*

**Gestor**

*Ótimo! Estou ansioso para ver o que planejou. Seu plano está contemplando aspectos organizacionais? Um plano normalmente contém o que fazer, como, onde, quando etc. Além de tudo isso, é fundamental especificar o impacto das ações propostas nos processos da empresa. Por exemplo, a ação proposta vai impactar na seleção de novos clientes... vai melhorar a relação com a equipe... vai dar visibilidade aos resultados. Continuo ansioso para ver o que planejou!*

**Colaborador**

*Tenho claro minhas metas de vendas. Abordei alguns clientes, esta semana, com argumentos focados mais nos benefícios da tecnologia do que nas especificações técnicas. Fiz várias perguntas aos clientes para melhorar seu negócio, mas sinto que falta algo.*

**Gestor**

*Vamos juntos a um cliente e trocamos feedbacks em seguida.*

## Diálogo entre gestor e colaborador pós-visita a um cliente

**Colaborador**

*Minha performance retrata, de maneira geral, o que estou fazendo na interação com o cliente.*

**Gestor**

*Dois aspectos chamaram a minha atenção. Primeiro: você o tratou de maneira bem amistosa. Será esse o padrão de modernidade do mercado? Segundo: você destacou os valores preço, qualidade e prazo, e o cliente priorizava segurança do sistema. O que podermos fazer na empresa para avançar na direção do atendimento das prioridades de mercado?*

**Colaborador**

*Tem sentido. Vou me centrar mais na relação profissional com o cliente sem perder de vista o aspecto humano desse contato. Além disso, vou criar uma ficha com o título "incidente crítico". Nessa ficha, farei o registro das transformações de valor. Farei alguns ensaios na prática, consultarei alguns livros e navegarei pela internet para melhor estruturar essa abordagem. Isso pode ser institucionalizado no setor e ser um instrumento de gestão.*

**Gestor**

*Com isso, avançaremos em resultados, atenderemos melhor nosso cliente e superaremos a concorrência!*

**Colaborador**

*Estou satisfeito com o nosso progresso. Vamos continuar lançando desafios e avaliando resultados nos próximos encontros? Essa troca aberta de ideias e experiências rompe esquemas individualistas de ação e libera os talentos na direção de resultados superiores. Estou tendo uma ideia. Você poderia estar presente numa reunião entre pares para dar alguns depoimentos nessa linha do que estamos discutindo aqui? Seria um incentivo a mais no diálogo ente níveis e áreas!*

**Gestor**

*Conte comigo!*

## 1.8 EXERCÍCIO: O GESTOR E SUA EQUIPE EXERCITANDO CAPACIDADES FRENTE A PROBLEMAS DO DIA A DIA

*Atividade*

Fazer uso de suas competências em – gestão de pessoas, do relacionamento humano, na resolução dos casos a seguir. O que você acha, caro leitor, de fazer essa dinâmica com outras pessoas? Pontos de vistas diferentes contribuem em muito para soluções frente a essas situações de rotina.

Ao trabalhar com os casos, procure descobrir formas para lidar com pessoas, trabalhos e situações visando resultados e ao mesmo tempo satisfação e crescimento dos envolvidos.

### Instruções

Cada pessoa ou grupo que está subordinado ao gestor de projetos trabalhará um caso. Procure entender o espírito de cada situação. As informações são poucas, o que gera a sensação de falta. Procure entender a situação-problema e vislumbrar formas de condução. Exercite seus conhecimentos e experiências na linha da cooperação entre as partes: gestor e funcionário; gestor e equipe. Procure potencializar as atitudes e competências na relação entre as partes envolvidas.

É interessante, em um primeiro momento, visualizar fontes de informações e formas de levantá-las. Em um segundo momento, dar andamento ao caso.

É possível trabalhar com cenários imaginando, em cada caso, possíveis causas e desdobramentos. Neste último caso trabalha-se com a lógica e a projeção. "Se estiver ocorrendo isso, então se poderia optar por isso."

### Casos

Desafios do cotidiano entre Gestor e Equipe.

*Minicaso A*

*"Temos um problema com um funcionário que ..."*

"Resiste às mudanças pelas quais a empresa está passando. Quando faço reunião com minha equipe, observo que ele diz com frequência 'mas' e 'não'. Acaba passando uma atitude defensiva e negativista. Ele está na empresa há 10 anos e nessa mesma área. Apresenta bom resultado, mas fico incomodado com as caras que faz e com seus gestos. Os movimentos de cabeça parecem dizer não, e seus braços se cruzam passando-me uma postura defensiva."

*Minicaso B*

*Temos um problema com um funcionário que ...*

"É bastante temperamental e impulsivo. Tenho um colaborador que, ao ser contrariado por mim, por algum elemento da equipe ou de outra área, reage como se estivesse contestando. Acho que ele fica frustrado e torna-se agressivo. Deve levar o assunto para o lado pessoal."

*Minicaso C*

*Temos um problema com um funcionário!*

"Uns falam demais, enquanto outros falam de menos. Tenho uma funcionária tímida, fala pouco nas mais diversas situações. Muda seu comportamento quando o assunto é pertinente a sua área. Na verdade, sente-se à vontade quando o assunto é técnico e tem a ver com a sua formação e com o que faz."

*Minicaso D*

*Temos um problema com a equipe.*

"Ela não está tão integrada e produtiva como deveria estar. Minha equipe estava com uma performance melhor há algum tempo. Conseguíamos cumprir as metas com mais facilidade. Hoje, algo aconteceu, e o resultado está um pouco abaixo do padrão esperado. Preciso reverter isso."

*Minicaso E*

*Temos um problema com a equipe.*

"De maneira geral, meu grupo foca muito o processo e pouco o resultado. Entendo que processo é meio e resultado é fim. Acredito que os vários recursos bem arquitetados e bem dirigidos nos vários processos empresariais levem a melhores resultados. O pessoal é extremamente orientado para o processo, mas, principalmente no campo da administração, sinto que não há tanto foco nos benefícios, no produto, no serviço prestado do ponto de vista do usuário interno."

*Minicaso F*

*Temos um problema com a equipe.*

"Percebo a maioria das pessoas da minha equipe cansada, estressada talvez. Parece algo que tem a ver com a atualidade. Todo mundo corre o tempo todo no trabalho, na vida. Estamos com menos pessoal, comparado com anos passados. Estamos cada vez mais automatizados. É claro que isso varia de área para área. Alguns procedimentos são padronizados e outros envolvem mais variáveis, são mais complexos e dependem, em grande parte, da performance humana. Dizem que vivemos o estado de ansiedade por excesso de informações."

*Minicaso G*

*Temos um problema com a equipe.*

"Constatei que minha equipe vê as árvores, ou seja, nossa área de trabalho, mas não tanto a floresta. Vivemos na época em que o gestor em determinada área precisa conhecer e interagir com as demais áreas da empresa. Ao mesmo tempo, tenho vários especialistas competentes, mas pouco abertos ao contexto maior – estrutura organizacional, planejamento estratégico, políticas corporativas, concorrência, clientes, mercado, sociedade, enfim o meio mais amplo em que vivemos. Preciso começar a mudar esse quadro, pois já recebi feedbacks internos elogiando a competência da minha equipe, mas apontado para a necessidade de ampliação de visão."

*Minicaso H*

*Temos um problema com a equipe.*

"Percebo na equipe, e mesmo fora dela, certo nível de competição que começa a me preocupar. Tenho conversado com profissionais de outras companhias e parece comum a queixa de que, hoje em dia, é comum um funcionário querer mostrar sua competência mais do que o outro. Isso deve ter relação com certa instabilidade nas empresas. Mais em uma, menos em outra. Mais em um momento e menos em outro. Será uma forma de garantir seu emprego e dinheiro?"

CAPÍTULO 2

# Cinco casos especiais sobre projetos, gestão, desenvolvimento de competências e resultados

Cinco casos vividos pelo autor foram escolhidos para valorizar aspectos distintos em projetos.

O **primeiro** relato tem como título Desenvolvimento de Competências com Enfoque Pedagógico e Comportamental. Ocorre em um laboratório no meio universitário, local em que os extremos estão presentes: alta tecnologia (computadorizada) e trabalhos manuais; a convivência é entre alunos, professores e técnicos; a materialização dos objetos projetados em sala de aula é concretizada, em geral, em terceira dimensão (maquetes, protótipos).

A **segunda** experiência faz parte da minha dissertação de mestrado na FEI (selecionei alguns pontos) e foi escolhida por estar no contexto de Escritório de Processos e Projetos, e por destacar a estratégia dos agentes multiplicadores, tanto do ponto de vista prático como teórico.

A **terceira** experiência destaca formas de envolver e comprometer *stakeholders* (partes interessadas).

O **quarto** é essencialmente estratégico sem descuidar dos aspectos operacionais. Envolve a concepção inovadora de boas práticas para integrar planejamento estratégico e recursos humanos visando ao retorno sobre o investimento.

O **quinto** caso apresenta maneiras de desenvolver equipes em processos de inovação em uma perspectiva de integrar aspectos educacionais, humanos e de negócios.

Aproveito para fazer uma declaração. Com esses casos aprendi muito e sou extremamente grato a todos, pessoas inesquecíveis que valem ouro. Tenho imenso respeito, consideração e estima por cada um na sua singularidade, no seu jeito natural, espontâneo de informar, ou melhor, compartilhar conhecimentos.

## 2.1 ESTUDO DE CASO EM OFICINA DE PRODUÇÃO DE MAQUETES E PROTÓTIPOS QUE INTEGRA ASPECTOS FÍSICOS E DIGITAIS, DESENVOLVIMENTO DE COMPETÊNCIAS PEDAGÓGICA E RELACIONAL

*Primeiro esboço* (schedule)

- Programa de treinamento.
- Laboratório de modelos e ensaios (físicos e digitais) pertencente à faculdade de arquitetura e urbanismo: seção técnica de apoio a atividades didáticas e de pesquisa, envolvendo a experimentação tridimensional e a construção de objetos, modelos, maquetes e protótipos.
- Gerente de projeto: direção do laboratório de modelos e ensaios.
- Equipe do laboratório: supervisão e técnicos.
- Apoio: consultor externo para esboçar o programa de intervenção e atuação como condutor de *workshop*.

### Pesquisa

Levantamento de informações iniciais sobre necessidades através de reuniões com os envolvidos, observações locais, análise de documentos, planejamento e execução conjunta do projeto com direção do laboratório, monitoramento e controle de atividades posteriores pela direção.

### Título do seminário

Desenvolvimento de competências pedagógica e relacional.

### Objetivos

Promover o reconhecimento da natureza didática (competência pedagógica) do laboratório e do consequente papel dos técnicos como educadores, partícipes de um projeto formativo.

A partir desse reconhecimento, estimular a interação entre os membros da equipe e de cada técnico com os alunos, professores e demais funcionários da faculdade (competência relacional).

### Estratégia

Esse treinamento é uma das formas de contribuição para a formulação de um plano de evolução para o laboratório.

### Coordenação

Consultor/condutor contratado para conduzir o *workshop*.

Direção do laboratório – interlocutor do grupo.

### Público-alvo

Técnicos do laboratório – 12 pessoas.

### Conteúdo

Laboratório como ambiente de colaboração.

Laboratório: visão, missão, valores e estratégias.

Princípios e práticas educacionais aplicadas ao contexto de laboratório.

Trabalho de equipe, desempenho individual e relacionamento humano com usuários do laboratório.

### Metodologia

O seminário será desenvolvido de forma participativa, reflexiva e prática. O papel da coordenação é mais de estímulo e mediação do que de transmissão de conhecimentos. O trabalho busca um equilíbrio entre atividades práticas (individuais e grupais) e diálogo construtivo. As experiências e os conhecimentos dos participantes são valorizados e, durante o evento, procurar-se-á estimular isso de forma criativa e inovadora, visando sistematizar e explicitar formas de conduta (educacional e humanista). A coordenação e o apoio estimulam a descoberta de soluções no grupo para que o atendimento aos usuários do laboratório seja percebido como de valor.

### Período

Dois dias em período integral (16 horas).

### Local

No próprio laboratório.

### Recursos audiovisuais e outros

Data-show.

Miniapostila.[1]

PowerPoint.

### Produções dos participantes

Esquema de sugestões para desenvolvimento de guia pedagógico-didático, guia de conduta profissional e plano de crescimento do laboratório. Esses produtos serão revalidados durante o decorrer do treinamento visando assegurar as melhores contribuições para a contínua evolução do laboratório e de seus técnicos.

[1] A apostila faz uma importante referência: PROJECT MANAGEMENT INSTITUTE® (PMI®). *Código de Ética e Conduta Profissional Project Management Institute*. Disponível em: <http://www.pmi.org/About-Us/Ethics/~/media/PDF/Ethics/ap_pmicodeofethics_POR-Final.ashx>. Acesso em 28 ago. 2013. Os destaques dessa referência são: visão e aplicabilidade; responsabilidade; respeito; justiça; honestidade.

*Plano de metas*

**Plano de metas do laboratório para período de 4 anos (referência para o desenvolvimento do trabalho buscando integrar projeção com estratégias de percurso)**

**1. Aspectos acadêmicos:**

- Reafirmar a natureza didática dessa seção técnica, reconhecendo-a como laboratório de modelos e ensaios voltado à experimentação, à investigação e às proposições projetuais nas três frentes complementares de atuação universitária: ensino, pesquisa e extensão.
- Estimular e apoiar o uso do laboratório por alunos e professores da faculdade, dentro e fora de disciplinas, *workshops* e projetos de pesquisa.
- Promover a aproximação do laboratório a outros laboratórios didáticos complementares da faculdade de arquitetura e urbanismo, e de outras unidades da universidade.

**2. Recursos humanos:**

- Recomposição da equipe de técnicos, qualificados nas várias frentes de atuação do laboratório, investindo na atualização e formação contínua dos mesmos para a plena atuação no apoio técnico à comunidade da faculdade e na formação dos alunos dos cursos de arquitetura e urbanismo, e de design.
- Promover um ambiente de trabalho pautado pelo comprometimento com a natureza do laboratório, com a colaboração interpessoal e o entendimento da natureza dos processos de gerenciamento de projetos.

**3. Aspectos administrativos:**

- Implementar procedimentos e rotinas para a comunicação interna (comunidade da faculdade) e externa do laboratório.
- Implementar procedimentos e rotinas para compra, controle e empréstimo de materiais e ferramentas.

**4. Equipamentos:**

- Recuperação de máquinas e ferramentas existentes, assim como compra de novo maquinário complementar para as frentes de marcenaria, mecânica, massas e pintura.

- Composição plena da fabricação-laboratório e laboratório de modelos e ensaios como núcleo de modelagem digital, com a aquisição de maquinário.
- Aspectos espaciais.
- Reforma dos sanitários, copa e salas de trabalho, priorizando a salubridade, com especial atenção à ventilação, iluminação e acústica.
- Capacitação de espaços didáticos, como a sala de aula do anexo e o mezanino existente, como ateliê interdepartamental.
- Planejamento do uso e ocupação do novo mezanino como espaço didático complementar.
- Planejamento do uso e ocupação provisória do pátio externo para o qual se abrem as portas do laboratório.
- Reforma da cobertura do edifício anexo.

### Atividades (jogos e dinâmicas) – treinamento e desenvolvimento

- Percepção: *slides* sobre ilusão, *Gestalt*.
- Lenço: desafio individual que requer soluções inovadoras e tem um interlocutor que propõe o exercício, oferece os recursos e conduz o trabalho como mediador da aprendizagem).
- Colheres e copos: desafio em equipe que requer um conjunto de habilidades para atendimento de quesitos e solução inovadora.
- Lego: proposição de produção de objeto, comunicação da obra para partes interessadas e avaliação das lições aprendidas.
- Réguas: montagem de estrutura em conformidade com especificações do projeto cuja solução requer ampliação de competências para outras dimensões.
- Bexiga: demonstração experimental com os participantes de que os preconceitos impedem soluções novas para situações-problemas.

### Descrição do caso – fase de execução

A realização do evento se dá através de um conjunto de atividades desafiantes que exigem resgate de experiências vividas e, ao mesmo tempo, produção de novas soluções pelos participantes. Procura-se fazer em sala atividades paralelas ao que é vivido no dia a dia do laboratório. Considera-se atividade de rotina no laboratório o agendamento de data para que o aluno vá ao laboratório e sua presença no local com orientação específica de técnicos segmentada por especialização. O desafio para o aluno é transformar o projeto que está esboçado no papel em um objeto tridimensional concreto ou digital. Assim, uma das preocupações no seminário é como o técnico se relaciona com o aluno e como orienta a tarefa de operacionalizar de forma construtiva algo que está projetado, desenhado.

Discute-se a representação no plano e no espaço, e a necessidade do uso do raciocínio espacial. A linguagem do técnico na relação com o aluno e o projeto em desenvolvimento (maquete, protótipo etc.) precisa ser utilizada de forma organizada e consciente gerenciada por essa pessoa que, embora especialista, precisa atuar com competências pessoais e didáticas.

Nessa interação social e técnica diante do "artefato" (produto, obra), a posição e o movimento do técnico em relação ao aluno ou outra pessoa (por exemplo, o professor), em relação à bancada, em relação a matérias-primas e equipamentos etc., as palavras são aliadas dos números, desenhos, formas, materiais ou digitais, num processo em que os corpos, os gestos fazem parte da coreografia, a cenografia do ambiente naquele momento. Abordagens da filosofia como *embodiment* ajudam a entender aspectos sensoriomotores relacionados com cognição e afetividade. Essa linha de trabalho é mais difícil de ser trabalhada no seminário, tanto por parte de quem coordena quanto de quem participa, por limitação de familiaridade e entendimento nessa importante corrente do pensamento contemporâneo. Isso significa ir além da visualização, de metáforas, de mapas conceituais, e buscar modos de operar na relação entre pessoas, partes interessadas, cérebro, corpo, linguagem e comunicação. Implica mudar para um paradigma que destaca o campo tempo-espaço em que forças, propriedades modais-vetoriais estão presentes. Nessa linha de pesquisa e ensino, autores como Massey (2008), Gardner (1997), Ruyer (1989), Poppel (1985), Laban (1978), além de toda uma literatura sobre *embodiment*, oferecem excelentes contribuições para essa perspectiva de trabalho em competências articuladas em um campo de forças pouco percebida pelas diversas escolas das ciências sociais.

- Guia pedagógico-didático
- Guia de conduta profissional
- Plano de crescimento do laboratório

## 2.2 ESTUDO DE CASO EM ORGANIZAÇÃO NACIONAL: COMO DESENVOLVER COMPETÊNCIAS NA EMPRESA COM ESCRITÓRIO DE PROJETOS E PROCESSOS - AGENTE MULTIPLICADOR COMO ESTRATÉGIA DE MUDANÇA, COLABORAÇÃO E CONQUISTA DE RESULTADOS

*Aspectos gerais*

Esse caso mostra como integrar estratégia, estrutura, qualidade, inovação, tecnologia e recursos humanos com apoio de agentes multiplicadores e engajamento de *stakeholders.*

- Empresa do setor elétrico.
- Integração de rotina com inovação.
- Proposição: realizar a primeira etapa de um processo de diagnóstico organizacional com PMO (Project Management Office), a equipe de processos e projeto e a área de recursos humanos objetivando identificar boas práticas na utilização de uma rede de agentes internos visando sustentar pessoas e partes interessadas com benefícios para o projeto.

*Metodologia, técnicas e recursos*

A metodologia faz uso da pesquisa qualitativa e tem como tipologia fundamental o estudo de caso. Essa metodologia tem como abordagem principal o desenvolvimento organizacional. Os dados são obtidos através de entrevistas e análise de documentos. O processo de desenvolvimento organizacional tem como destaques os paradoxos, ou seja, as forças que se confrontam na organização. Na literatura de gestão de pessoas, três modelos são destacados: instrumental, que foca essencialmente processos e eficiência organizacional; modelo político, que estimula acordos entre as partes; e transformacional, que considera o ambiente complexo, incerto, com mudanças e paradoxos.

No levantamento de dados serão identificados desafios na percepção dos profissionais do Escritório de Processos e Projetos e da área de gestão de pessoas/desenvolvimento com vistas a melhorias, mudanças e inovações na organização. A proposição de agentes multiplicadores é apresentada como uma estratégia educacional para preparar pessoas da organização para mudanças e inovações.

### Fases da metodologia na empresa estudada

A metodologia adotada busca seguir um conjunto de etapas nessa pesquisa: iniciação, planejamento, execução e avaliação.

### Técnicas e recursos utilizadas na metodologia para levantamento das informações na empresa estudada

a) Entrevistas individuais com profissionais do Escritório de Processos e Projetos e da área de gestão de pessoas da empresa.
b) Análise de documentos da organização sobre processos, projetos, qualidade, estratégia, governança, tecnologia da informação, desempenho e indicadores, programas de desenvolvimento e outros.

### Agentes/ativistas – a busca por colaboração – apoiando o engajamento das partes interessadas (*stakeholders*)

Heckscher (2007) é um dos autores-chave a explorar agentes. Afirma que as organizações estão passando por transformações em função das mudanças pelas quais o mundo e a sociedade passam. Em uma sociedade da informação e do conhecimento na qual a complexidade, a velocidade, a mudança estão presentes cada vez mais, as empresas precisam deixar de ser burocráticas para se tornarem colaborativas. Na burocracia, o sistema de regras e normas é rígido, existe hierarquia de comando, há padrões de desempenho definidos que contribuem para que a organização seja constituída por especialistas, o que dificulta a colaboração pelo fato de cada um exercer sua tarefa localmente e num contínuo. Defende as empresas colaborativas, nas quais as equipes se formam a partir das experiências e conhecimentos distintos e que são integrados nos projetos de equipes. Essas equipes podem ser temporárias, vindas de lugares distintos, e seus membros muitas vezes não se conhecem, mas colaboram com suas habilidades para um fim comum. Para o autor, os desafios da organização para atingir seus indicadores de desempenho passam pela colaboração.

Um dos desafios colocados por Heckscher para as organizações é desenvolver a capacidade para mobilizar pessoas com ampla diversidade de habilidades e visões para trabalhos conjuntos. Para responder a esses desafios faz algumas distinções entre termos-chave, aborda o sistema em mudança da burocracia para empresas colaborativas, dimensões importantes da empresa como estratégias, estrutura, cultura e infraestrutura. Propõe uma abordagem transformacional na qual a colaboração é a chave, e a liderança interativa é orientada para a mudança, o que permite resultados superiores e compatíveis com características da era contemporânea em que o conhecimento é o destaque.

Heckscher (2007) faz algumas distinções importantes de conceitos nessa proposição de empresa colaborativa na qual velocidade e sinergia entre os *stakeholders* (diversos agentes envolvidos num projeto, programa) são dimensões importantes para negócios com base em conhecimento e na ideia de cooperação.

> Cooperação ocorre entre membros localmente. Esses são estáveis, as fronteiras na organização são fechadas e as habilidades homogêneas.
>
> Colaboração estendida ocorre quando as relações entre os membros da organização fluem e estão num processo de mudança. As fronteiras são mais flexíveis e as habilidades e capacidades de seus membros são diversas. As equipes, nesse caso, muitas vezes são compostas por colaboradores externos à organização como parceiros de negócio. As colaborações estendidas parecem mais com uma rede, com um *cluster* que estão colaborando basicamente com suas experiências e conhecimentos e nessa sinergia conseguem contribuir para um resultado superior.
>
> Colaboração estendida pode também ser vista como a habilidade dos indivíduos de trabalhar juntos além do escopo de pequenos grupos. (HECKSCHER, 2007, p. 2-5)

Heckscher (2007) aborda nessa obra as principais dimensões que as empresas colaborativas precisam considerar para se tornarem competentes e mais competitivas nos tempos presentes.

**a)** Estratégia que implica o estabelecimento de objetivos e metas deve ser considerada para um período de três a cinco anos.
**b)** Estrutura concebida como conjunto formalizado de responsabilidades, papéis e regras.
**c)** Cultura como padrão de expectativas que são compartilhadas entre os membros do grupo no sentido de como agir e reagir a situações na ótica das respostas flexíveis para desafios adaptativos.
**d)** Infraestrutura como o meio que dá suporte à cultura, e estrutura incluindo sistema de carreiras, treinamento, premiação e sistema de comunicação que apoiem a capacitação das pessoas para compreender umas às outras e a organização.

Uma das distinções que o autor faz das firmas do século XX e empresas emergentes é que, na dimensão da estratégia, o primeiro bloco está voltado para a produção de massa e o segundo para soluções. O primeiro tipo de estrutura é a burocrática, enquanto o segundo tipo é a colaborativa. Na cultura do primeiro está presente o paternalismo nas relações, enquanto no segundo a contribuição (entrega) é o destaque.

Reforçando o conceito de colaboração, Heckscher afirma:

> Colaborar significa trabalhar em equipe. Isso implica muito mais do que trabalhar em conjunto. Implica um objetivo comum que não pode ser atingido sem a contribuição de todos. Isso implica processos de diálogo e negociação, troca de pontos de vista e partilha de informação e construção de racionalidades individuais para a convergência em torno do consenso. (HECKSCHER, 2007, p. 2-3)

Uma relação entre modelo transformacional, paradoxo, organização e agentes de mudanças se faz necessária em vista do propósito do presente trabalho. No contexto organizacional, quando a possibilidade de colaboração se encontra bloqueada, pode estar ocorrendo a existência de paradoxos cognitivos, ou seja, elementos contraditórios e opostos que não fazem sentido quando considerados em conjunto e simultaneamente por indivíduo ou grupos.

Nesse caso, pode ser necessária a atuação de facilitadores de mudança, ou seja, indivíduos que atuem de forma a articular a comunicação entre diferentes grupos da organização quando os mesmos possuem entendimento diverso e contraditório da realidade organizacional, representando essa realidade de forma oposta, o que impede toda a ação comum.

Nesse momento, a atuação do *agente* se torna chave, visando realizar um diagnóstico de quais dificuldades impedem a comunicação efetiva entre os indivíduos no sistema. Na realidade, o agente realizará um diagnóstico organizacional mapeando, em primeiro lugar, as diferentes representações dos vários grupos. Em seguida, interpretará essas diferentes representações construindo uma rede de significados relativos à representação de cada grupo, para compreender como esses diferentes padrões estão inter-relacionados.

Após esse diagnóstico, o *agente* iniciará um processo de negociação de significados para permitir, pouco a pouco, a construção de uma visão conjunta e compartilhada da realidade.

A construção dessa visão compartilhada permitirá a ação comum dos membros da organização. Quando não for possível construir uma visão consensual da realidade, existirão outras soluções a serem adotadas como, por exemplo, o estabelecimento de formas de conviver com o paradoxo. Existem várias situações possíveis: as duas dimensões paradoxais podem ser situadas em esferas diferentes da organização ou, então, elas podem ser situadas em tempos distintos em um processo de mudança organizacional.

Dessa forma, segundo Smith e Lewis (2011), existem duas possibilidades de se lidar com paradoxos cognitivos nas organizações: realiza-se a chamada gestão do paradoxo ("resolve-se" o paradoxo, construindo a visão comum que permita o entendimento compartilhado da realidade) ou se aprende a conviver com as dimensões paradoxais. A favor desta última corrente, existem vários autores, como Luscher, Lewis e Ingram (2006), que consideram a organização como um sistema complexo, em uma sociedade em mutação, logo sujeita a contradições lógicas durante todo o tempo, sendo assim a chamada "ordem" uma ilusão, uma vez que o "caos" e a tendência à entropia estarão sempre presentes. Dessa forma, considerando esta última visão de paradoxos organizacionais, não existiria a chamada "gestão" do paradoxo. Isso não seria possível. Nessa perspectiva, os indivíduos, ao trabalharem na organização, deveriam aprender a lidar com dimensões opostas e paradoxais, e com o desconforto cognitivo que isso pode gerar.

Cabe ao agente (ator social, ativista, multiplicador, influenciador) ter formação profissional para facilitar esses processos de comunicação, viabilizando para os atores organizacionais soluções possíveis e formas de conviver com essas dimensões.

Uma outra questão a salientar é que não se trata apenas de conviver com duas dimensões paradoxais, mas com múltiplas dimensões paradoxais que podem atuar ao mesmo tempo. Trata-se, na verdade, de uma visão multidimensional.

Além disso, Lewis (2000) analisa os estudos de Merton e afirma que, como decorrência de toda ação social e da criação de regras e formas de controle na organização, uma dimensão cognitiva será acentuada por um conjunto determinado dessas regras e padrões, gerando, com o tempo, uma reação oposta para a regulamentação da dimensão anterior que foi reforçada pela regra. Assim, como exemplo, regras que reforçam políticas de gestão para a centralização dos procedimentos na organização gerarão pressões sociais para a descentralização; políticas de gestão voltadas para procedimentos de diferenciação gerarão pressões para a dimensão da integração. Logo, os paradoxos são próprios da ação social em múltiplas dimensões e não podem ser ignorados na atividade do gestor.

Resumindo a concepção de agentes articuladores mobilizadores: são indivíduos que atuam de forma a articular a comunicação entre diferentes grupos da organização, quando os mesmos possuem entendimento diverso e contraditório da realidade organizacional, buscando uma ação comum. Apoiam processos colaborativos que se encontram bloqueados por estar ocorrendo a existência de paradoxos cognitivos, afetivos.

*Plano de trabalho e levantamento de dados da empresa*

A seguir apresentamos informações sobre empresa, pesquisa e plano de trabalho.

## Dados da empresa pesquisada

A empresa Alfa é uma empresa privada do setor de energia elétrica do Brasil. Atua como operadora, distribuidora, comercializadora e prestadora de serviços. Opera em vários mercados.

Tem como missão a prestação de serviços de energia elétrica com responsabilidade social e ambiental, objetivando a satisfação dos clientes, colaboradores, fornecedores e acionistas na perspectiva de contribuir para o desenvolvimento do país.

Como visão, busca ser reconhecida como grupo de excelência no segmento de energia elétrica, com destaque para o serviço prestado, utilização de tecnologia e qualificação dos seus colaboradores.

Destaca como valores: criatividade, competência e integridade na excelência de seus serviços. Dá relevância a novos paradigmas na busca de soluções originais e inovadoras.

A empresa Alfa possui vários programas visando fazer com que cada colaborador direto sinta-se satisfeito trabalhando na empresa, engajado com os desafios da organização e motivado a permanecer em seu quadro de colaboradores. Os principais programas orientados para pessoas são: estruturação dos processos de gestão de pessoas, gestão de performance, educação corporativa, plano de cargos, programa de melhoria do clima, programa de qualidade de vida e outros.

O profissional de contato que possibilitou o acesso a essa organização exerce a função de superintendente de processos e qualidade (PMO).

## Escritório de processos e projetos

O escritório de processos e projetos destaca a qualidade em termos de contínua busca de melhorias. Procura dar as condições necessárias para garantir a conformidade e o desempenho dos processos. Faz-se necessário resgatar uma breve visão histórica sobre o movimento de qualidade para melhor entender o valor da qualidade e a importância no setor elétrico.

Uma nova abordagem organizacional surge nas décadas de 1970 e 1980, no mundo e no Brasil, quanto à questão da qualidade nas organizações. Esta passa a ser percebida não como um controle visando atender apenas as especificações requeridas para se fazer algo, mas a valorização da empresa quanto a garantir que o cliente receba o melhor em termos de valor agregado. As empresas passam a relacionar imagem, participação no mercado e rentabilidade onde os procedimentos de trabalho devem apoiar a oferta do melhor frente aos concorrentes com o preço adequado e competitivo. Essa cultura de qualidade perpassa a cultura organizacional, e a direção percebe que qualidade, produtividade e foco no mercado devem ser considerados na perspectiva da estratégia empresarial.

Na evolução do movimento da qualidade, várias dimensões-chaves passam a ser consideradas:

a) qualidade como atendimento às necessidades dos clientes;
b) qualidade exigindo uma abordagem científica no estudo dos processos, com dados estatísticos, técnicas e ferramentas de melhoria contínua;
c) qualidade exigindo que os empregados trabalhem em equipe.

Articular qualidade e produtividade com processos em um ambiente percebido cada vez mais como sistêmico implica uma mudança na gestão de recursos humanos. Uma nova visão da relação homem-trabalho implica que os funcionários são solicitados cada vez mais a participar e dar suas contribuições individuais e coletivas em prol de um grupo, de uma comunidade. Isso tem implicações nos processos de recursos humanos enquanto entrada de recursos na organização, manutenção, desenvolvimento e avaliação dos mesmos até a saída deles da empresa. Aspectos comportamentais, como comunicação, interação, conflitos, negociação, criatividade, liderança, equipe e outros, passam a fazer parte e tornam-se valorizados na criação de um ambiente de trabalho propício ao desenvolvimento.

A organização passa a ser considerada como um conjunto de processos-chave organizados, desdobrados em subprocessos, atividades e tarefas que atravessam a organização tanto na vertical quanto horizontalmente na direção do cliente.

Todos têm papel-chave nos processos em termos de garantia e aprimoramento contínuo, embora haja uma pessoa na supervisão que será responsável pelo alcance dos indicadores, sendo que para isso os funcionários da organização precisam ter desempenhos adequados aos processos, metas e indicadores.

### Plano de trabalho

Realizamos inicialmente a descrição detalhada de cada fase do trabalho desenvolvido no escritório de processos e projetos da empresa estudada, segundo entrevistados e documentos consultados.

Em uma segunda etapa, fez-se o levantamento das principais dificuldades e desafios encontrados pelos entrevistados no seu trabalho. A partir desses dados, foi realizado um diagnóstico de quais problemas ligados à gestão de processos/projetos e à mudança organizacional estão presentes na empresa.

Verifica-se se existem facilitadores no escritório de processos e projetos que possam auxiliar na implementação de soluções. Caso não existam, propõe-se uma solução de intervenção organizacional utilizando esse conceito.

Foram feitas entrevistas semiestruturadas com os funcionários do escritório de processos e projetos e da área de gestão de pessoas. As informações dadas pelos entrevistados foram anotadas manualmente durante o processo.

Analisamos documentos de fontes primárias e secundárias.

Por mais que se busque a neutralidade na pesquisa, assumimos que, por se tratar de pesquisa interpretativa em que o conhecimento é produzido em uma interação sujeito-sujeito, ela nunca será totalmente imparcial. Trata-se de um dos limites da pesquisa.

Por se tratar de estudo de caso, os dados não podem ser generalizados para todo o setor.

## Roteiro de entrevista

### *Escopo*

O objetivo desse levantamento é entender, segundo a percepção dos entrevistados, o trabalho do escritório e do entrevistado, processos de mudanças e formas de se lidar com esses processos de transformação.

Foram realizadas sete entrevistas, com duração aproximada de 90 minutos cada, nas instalações da empresa, na cidade de São Paulo. O profissional que possibilitou o acesso à empresa recomendou que a entrevista não fosse gravada pelo fato de inibir os entrevistados e pela possível restrição nas informações dadas.

### *Roteiro*

A entrevista é semiestruturada. Portanto, o roteiro torna-se um guia, e parte da entrevista ocorre em função das colocações do entrevistado, procurando-se ouvi-lo naquilo que tem a dizer.

As perguntas-chave servem de referência e não são seguidas de forma programada por terem dado relevância ao diálogo, à interação, sem perder de vista o escopo da entrevista.

Perguntas-chave:

*Descreva o escritório de processos e projetos (dê exemplos).*

*Descreva o seu trabalho na empresa (exemplos).*

*Quais são os pontos fortes do seu trabalho na empresa (exemplos)?*

*Quais as principais dificuldades e desafios a enfrentar no seu trabalho (exemplos)?*

*O escritório tem, na sua visão, dificuldades de comunicação com as diversas áreas com as quais interage?*

*Quais, na sua visão, são as razões dessas dificuldades (exemplos)?*

*Você pode descrever e dar exemplos de mudanças no escritório e no trabalho? Cite desafios, casos de sucesso e dificuldades enfrentadas.*

*Quais as razões dessas dificuldades em lidar com a mudança na sua visão?*

*Quais poderiam ser as soluções recomendadas para se lidar com essas situações?*

*Você acha que, se houvesse facilitadores de comunicação e agentes de mudanças, essas dificuldades teriam sido resolvidas com mais eficiência? Por quê?*

*O analista ou consultor de processos nessa empresa cumpre esse papel?*

Levantamento inicial de informações sobre o entrevistado contém: cargo, tempo de empresa, trajetória profissional (incluindo escolaridade e formação acadêmica). O estilo da entrevista é o de estimular o entrevistado a descrever, narrar situações de trabalho e obter suas apreciações.

### Apresentação de dados – entrevista

Apresentação dos dados coletados através das entrevistas. Ver o Anexo B.

### *Resumo dos principais aspectos da análise dos documentos da empresa*

Com base na análise de alguns documentos da empresa que abordam estrutura organizacional, escritório, processos, projetos, qualidade, governança, recursos humanos, plataforma eletrônica de dados e outros, são apresentados alguns pontos-chave que apoiam o entendimento das entrevistas e esse projeto de pesquisa.

### *Escritório de processos e projetos*

A empresa Alfa possui um escritório de processos e projetos com papel importante no desenvolvimento organizacional. A concepção do Escritório tem como fundamentação a metodologia BPM (*Business Process Management*). A nomenclatura utilizada no Brasil é Gerenciamento de Processos de Negócio. Nessa abordagem há uma integração básica entre gestão de negócios e tecnologia da informação visando à otimização de resultados organizacionais por meio da melhoria dos processos de negócios. Essa metodologia permite analisar, modelar, publicar, otimizar e controlar os processos de negócios da organização.

Essa metodologia se desdobra em fases (ciclos) que se sucedem no tempo: estratégia, desenho de processos, implementação de processos e controle de processos. A distinção básica entre processo e projetos é que o primeiro é gerenciado continuamente no tempo visando melhorias e ajustes, enquanto o segundo é temporário, ou seja, tem começo, meio e fim. O primeiro tem como base os procedimentos de como a empresa opera, alinhados com o cliente, enquanto o segundo é uma projeção para o futuro que se desenvolve através de um conjunto de fases.

Chama-se escritório (*office*) pelo fato de ser um centro, uma agência central na organização que é responsável pelo gerenciamento de processos e projetos visando à qualidade, produtividade, inovação e outros indicadores. Trabalha em colaboração com toda a organização e com os agentes externos (*stakeholders*), acionistas etc.

O principal objetivo do escritório de processos e projetos é o de promover a melhoria contínua dos processos na empresa através da padronização de documentação de processos, melhoria da gestão dos projetos de redesenho de processo e controle da produtividade e riscos dos processos.

*Organização e dinâmica do escritório*

De forma resumida, a atuação de um escritório de processos e projetos apresenta as seguintes características.

As mesmas etapas apresentadas anteriormente na abordagem *Business Process Management* estão presentes também nessa metodologia: estratégia (*strategy*), desenho do processo (design, *optimization*), implementação (*execution*) e controle (*controllling*).

Na etapa **estratégia**, o escritório de processos e projetos deve garantir que o alinhamento dos processos esteja em sintonia com as diretrizes estratégicas. Além disso, deve apoiar a alta direção com informações sobre os resultados do desempenho dos processos. Nessa fase se faz necessário ter visão de negócios, entender de processos de inovação, processos estratégicos, arquitetura de processos e de aplicações. Nota-se que o perfil de competências para essa etapa exige basicamente um híbrido de *expertises* (competências de negócios e gestão de processos). A primeira *expertise* implica conhecer o setor de negócios, princípios e práticas de administração, e a segunda, um conhecimento mais especializado no campo denominado gestão de processos. A interação entre os profissionais envolvidos nessa fase é grande pelo fato de se chegar a acordos entre eles.

Para desempenhar os papéis, garantir o alinhamento e subsidiar a alta direção faz-se uso de técnicas específicas que são conhecidas e utilizadas, em geral, pelos profissionais que atuam em mapeamento e gestão de processos, como análise de maturidade dos processos, comunicação do desempenho dos processos, análise de melhores práticas de mercado para comparação com as práticas internas (*best practices*) e outras.

Na etapa **desenho de processos**, o escritório precisa mapear, diagnosticar e propor melhorias viáveis e que agreguem valor ao negócio, elaborando um plano de melhoria consistente e alinhado às estratégias da empresa. Os trabalhos desenvolvidos na primeira fase são repassados para essa segunda etapa através de notações, desenhando os processos como representações de tarefas, atividades, fluxos de trabalho etc. A visualidade é um quesito importante nessa fase, tanto para produzir as representações quanto para interpretá-las em correspondência com o modo de se trabalhar naquela realidade organizacional.

Na etapa **implementação de processos**, o escritório deve apoiar a execução do plano de implementação desenvolvido com base nas melhorias identificadas, fornecendo informações às áreas responsáveis pela implantação. Além disso, deve realizar treinamentos sobre os novos procedimentos visando a capacitação dos funcionários. Na fase de implementação, vários sistemas de organização e gerenciamento integrado de dados são utilizados em relação a vários agentes: fornecedores, clientes, parceiros e outros. Essa fase oferece o suporte necessário para que a próxima possa monitorar e medir o desempenho dos processos.

Na etapa **controle dos processos**, o escritório deve monitorar o desempenho dos processos por meio de diferentes avaliações, como riscos, capacidade de execução, indicadores de desempenho e outras.

É importante notar que o escritório significa mais do que uma área e deve ser percebido como uma supraorganização que se relaciona de forma colaborativa e dinâmica com a empresa nos planos internos e externos. Essas interações nos espaços interno e externo da organização como no tempo ocorrem de forma dinâmica e não linear. Estão mais próximas de um sistema aberto do que fechado, com sua complexidade e dinamismo, onde a informação e a comunicação se tornam chaves para o desempenho das pessoas frente aos processos que, na verdade, são referências padronizadas e exigem adequação de desempenho das pessoas enquanto indivíduos, grupos e coletividade.

### *Produtos e serviços do escritório*

O escritório de processos e projetos da empresa Alfa tem como resultado específico e concreto do seu trabalho várias saídas: produtos (materiais, tangíveis) e serviços (intangíveis).

#### *Produtos*

Desenho padronizado dos processos desde a cadeia de valor da empresa até o detalhamento de atividades.

Estrutura-padrão para processos contendo hierarquia, diagramas, símbolos e atributos do sistema utilizado (uso de plataforma/ferramenta utilizada para BPM) voltada para as necessidades da empresa.

Relatórios a partir da plataforma, de acordo com necessidades das áreas parceiras (riscos, TI, auditoria, alta direção etc.).

*Serviços*

Treinamento conceitual de BPM, de modelagem de processos e de métodos, padrões e ferramentas de BPM.

Administração e suporte técnico do portal de processos, da gestão de usuários do sistema e gestão da configuração da plataforma (ferramenta BPM), padrões, convenções e regras de BPM (escritório de processo).

Gerenciamento das iniciativas de BPM visando à estratégia, desenho, implementação e controle dos processos.

Gestão de conteúdo (escritório de processos) da biblioteca de objetos, dos modelos de referência e banco de dados de processos.

Comunicação e marketing de BPM através da publicação dos manuais e dos processos, do modelo de governança e indicadores dos processos, mapas e indicadores estratégicos e comunicação dos casos de sucesso.

*Controle de indicadores e iniciativas estratégicas*

Com esses produtos e serviços, a empresa Alfa busca excelência operacional. Eles contribuem para garantir a conformidade e o desempenho de seus processos de negócio de acordo com objetivos e metas. Garantir a conformidade do processo significa executá-lo conforme definido, de modo a cumprir o seu objetivo e eliminar possíveis desvios quando identificados. Garantir o desempenho do processo significa cumprir as metas de desempenho estabelecidas para o processo, por meio de indicadores que meçam a sua eficiência (se as entregas intermediárias ocorreram no menor tempo e custo, e com melhor qualidade) e eficácia (se as entregas finais ou saídas do processo atenderam às expectativas das partes interessadas).

*Interfaces do escritório de processos e projetos*

O escritório de processos e projetos se integra com todas as áreas da empresa porque elas são consideradas seus clientes internos. Além das áreas, destacam-se as interfaces com TI, gestão de riscos, gestão da qualidade, alta direção, órgãos reguladores e governo.

O escritório, nas suas interações com outros segmentos, efetua trocas que podem ser consideradas uma dinâmica de *inputs* e *outputs* nessas interfaces. Por exemplo, a área de gestão de riscos proporciona ao escritório conceitos, princípios e práticas sobre gerenciamento de riscos por ser essa sua *expertise.* Essa entrada é processada pelo escritório e gera como resultante o registro dos riscos, controles e como gerenciá-los com base em processos predefinidos.

*Gestão de pessoas/educação corporativa*

A educação corporativa possui academia (área de excelência) com três divisões:

a) A área funcional está orientada para educação e negócios. Envolve os setores administrativo, financeiro, técnico operacional e comercial.
b) A área de gestão e liderança está orientada para planejamento estratégico e perfil do líder.
c) A área de negócio e cultura está voltada para ética, valores e políticas; estratégia do negócio de energia e perfil de competências.

Essas áreas possuem quatro frentes: programa multiplicador, núcleo de ensino a distância, padronização de conteúdos, processos e procedimentos.

As três áreas e as quatro frentes buscam formação, treinamento e desenvolvimento contínuo dos conhecimentos e competências, sendo que o objetivo maior é a melhoria de desempenho.

## Implicações

*Análise dos dados, intervenção de agentes e viabilidade da implementação*

Retomamos a problemática expressa na seguinte questão: **Qual é o diagnóstico organizacional relativo à intervenção de agentes na empresa estudada e qual a viabilidade da sua implementação na organização?**

Realizamos apenas a fase do diagnóstico como explicado na metodologia.

*Entrevistas*

As entrevistas mostram que a definição de *agentes* na empresa (chamados de agentes de gestão) é diferente da definição de agentes adotada neste trabalho. Desenvolveremos esse ponto a seguir, mas primeiro explicaremos o funcionamento do escritório segundo as entrevistas.

O escritório de processos e projetos faz uso de técnicas-padrão da gestão da qualidade total (gestão participativa e construção de uma visão compartilhada com os objetivos da empresa). Essas técnicas, enquanto divulgação das informações estratégicas em todos os níveis, gestão participativa com sugestões e premiação, cultura organizacional voltada para o *market driven quality* (gestão da qualidade orientada para o mercado/cliente), são abordagens desenvolvidas nos anos 1970 e 1980 a partir do "toyotismo" e que o escritório aplica hoje com eficiência. A eficiência se deve a dois fatores: atualmente, a utilização dessas técnicas é facilitada pelo uso de sistemas de TI mais aperfeiçoados (SAP, por exemplo) que ajudam na integração horizontal da empresa, na divulgação de informações e na busca de maior transparência organizacional. O escritório também aplica a técnica conhecida como Melhoria Contínua de Processos e Reengenharia Radical de Processos Estratégicos – técnica que envolve a divisão da empresa em processos-chave, com um executivo proprietário. Cada processo é dividido em várias atividades interligadas e cada atividade é dividida em múltiplas tarefas.

O escritório de gestão de processos e projetos da empresa é responsável pelo mapeamento dos processos, atividades e tarefas, e pela simplificação e aperfeiçoamento do trabalho a partir de análise conjunta de todas as equipes envolvidas nas tarefas, nas atividades e nos processos-chave em geral. Cada processo-chave é gerido por um alto executivo da empresa. Os diversos processos estratégicos "cortam" na horizontal os diversos setores da empresa, e a melhoria de processos integra todos os que trabalham no processo e operam nas diversas tarefas e atividades que o compõem. O escritório, assim, promove a integração horizontal da empresa, o aperfeiçoamento dos processos com base em uma política zero de defeito (Seis Sigma). Essa técnica foi desenvolvida nos anos 1990, e o escritório faz uma "gestão de redes", dando suporte a várias empresas distribuidoras de energia do grupo para a implementação das técnicas.

O conceito fundamental – a melhoria de processos ou o redesenho radical dos mesmos (reengenharia) – implica inovação, aprendizagem e, consequentemente, mudança.

A reengenharia ou redesign radical implica a criação de um novo projeto completamente diferente, com ruptura em relação aos paradigmas anteriores, seja em tecnologia, seja em conceitos ou modelos de negócios em novos produtos ou serviços. Aqui, atua o *agente de mudança*, que, na empresa, tem o perfil do *intrapreneur* ou empreendedor interno.

O conceito de empreendedor interno vem do conceito de empreendedorismo. O empreendedor é o indivíduo que reconhece e tira vantagem de uma oportunidade usando suas habilidades e competências para criar valor (JONES, 2004, p. 339). Ele assume riscos porque é responsável por novos projetos. O empreendedor interno tem a seguinte definição, segundo Jones (2004, p. 340): "*Intrapreuneur is the entrepreneur inside an organization who are responsable for the success or failure of a Project.*"

Dessa forma, é responsável pela gestão de um novo projeto, o que implica assumir riscos e ser responsável pelo atingimento de metas e objetivos. O empreendedor interno se apropria do projeto da empresa como se fosse seu próprio empreendimento. O empreendedor interno deve ter criatividade para lidar com os processos inovadores pelos quais é responsável.

Criatividade é definida por Jones (2004, p. 240) como:

> *A person who has creativity is a person who has ideas going beyond the current boundaries, whether those boundaries are based on technology, knowledge, social norms or beliefs.*

Assim, o conceito de empreendedorismo interno se coaduna com o perfil do *agente*, responsável por um novo projeto (redesign radical) que implica riscos e a criação de novas ideias por tratar-se de inovação em serviços ou novos produtos. A criação desses novos produtos implica criação de novas formas de trabalho, valores e tecnologias.

O *agente* atua em diversas fases, como mostram as entrevistas:

**a)** Visitar os diversos setores das empresas que compõem a rede e que podem contribuir em dado projeto. Ele vai comunicar os novos conceitos, "vendendo" as ideias inovadoras que embasam o projeto a fim de conseguir "aliados" e recursos.

**b)** Organizar a equipe, as reuniões, fazer a gestão dos recursos e, sobretudo, ser responsável pela gestão da rede de pessoas que contribuam para o projeto e que trabalham em diferentes departamentos das empresas que compõem a rede de distribuidoras de energia elétrica. Trata-se, assim, de gestão de redes.

**c)** Monitorar os resultados buscando atingir as metas e resultados almejados, ciente dos riscos inerentes à gestão do novo projeto.

**d)** Proceder à melhoria contínua do novo projeto criando valor, de forma alinhada com as estratégias e a definição das *core competences da empresa.*

O *agente*, além de tudo, é um elo entre as diversas empresas do grupo que estão envolvidas no projeto.

No entanto, apesar de ter de ser muito eficiente em comunicar bem suas ideias e os conceitos, tendo a competência de um gestor e empreendedor interno, o *agente*, tal qual definido pela empresa estudada, não tem competência para ser um real facilitador da mudança no sentido de "mapear paradoxos", contradições e reações defensivas dos diversos grupos, compreendendo-as e buscando soluções para essas ambiguidades. O *agente* da empresa estudada não tem o preparo profissional para lidar com essas situações, no enfoque tal como definido neste trabalho.

Retomaremos alguns pontos tratados na literatura para que sejam relacionados com a análise dos dados da empresa estudada e que apoiem as considerações finais.

*Diagnóstico organizacional com relação ao perfil do agente de mudança – perfil atual e perfil desejado*

A situação atual é a de que a empresa estudada possui uma definição bem organizada e complexa de *agentes* segundo uma ótica de gestão de novos projetos, gestão de redes complexas e empreendedorismo interno. Porém, os *agentes* não possuem um treinamento mais profundo para identificar os bloqueios à comunicação, à aprendizagem organizacional, mapeando e representando os "paradoxos organizacionais" típicos das situações de inovação e mudança, e lidando com os mesmos, seja através da gestão do paradoxo (Lewis, 2000) seja através da convivência e aceitação dos paradoxos. Ambas as hipóteses (gestão do paradoxo e aceitação e transcendência dos mesmos) permitem lidar com a mudança de forma mais complexa, criando-se uma visão comum entre todos os envolvidos no processo de mudança, lidando com resistências organizacionais a fim de efetivar e conseguir eficiência nesses processos.

No enfoque dado neste estudo, a atuação de *agente* se torna a chave, visando realizar um diagnóstico de quais dificuldades impedem a comunicação efetiva entre os indivíduos no sistema. Na realidade, o agente realizará um diagnóstico organizacional mapeando, em primeiro lugar, as diferentes representações dos vários grupos. Em seguida, interpretará essas diferentes representações construindo uma rede de significados relativos à representação de cada grupo, para compreender como esses diferentes padrões estão inter-relacionados. Após esse diagnóstico, o *agente* iniciará um processo de negociação de significados para permitir, pouco a pouco, a construção de uma visão conjunta e compartilhada da realidade. A construção dessa visão compartilhada permitirá a ação comum dos membros da organização. Quando não for possível construir uma visão consensual da realidade, existirão outras soluções a serem adotadas, como, por exemplo, o estabelecimento de formas de conviver com o paradoxo. Existem várias situações possíveis: as duas dimensões paradoxais podem ser situadas em esferas diferentes da organização ou podem ser situadas em tempos distintos em um processo de mudança organizacional (Lewis, 2011).

Assim, na empresa estudada, o *agente* tem atuação bem mais limitada do que a definida neste estudo.

O *agente* é, na realidade, um gestor da área de processos de qualidade que compreende e conhece em profundidade várias técnicas de gestão da qualidade e normas (por exemplo, ISO 9001 e outras). Ele deverá difundir essas técnicas na empresa, transmitindo informações e conhecimento, dando suporte à implementação das mesmas e coordenando uma equipe em uma ação de empreendedorismo interno. Mas ele não possui, como vimos, o perfil de competências necessário para lidar com situações complexas e fenômenos de resistência organizacional, bloqueios à aprendizagem, bloqueios de comunicação, paradoxos, entre outros.

Na verdade, o escritório implementa com extrema eficiência técnicas de qualidade total já conhecidas, com suporte de TI atualizado. O desafio é integrar as diversas empresas da rede nesses projetos, buscando sinergia e eficiência. A gestão de redes é o desafio mais complexo, e não as técnicas em si.

Para se efetuar a transição da situação atual para a situação desejada superando esse *gap*, os atuais *agentes* e gestores de novos projetos deveriam receber treinamento específico para a criação dessas novas competências e desse novo perfil desejado.

Além disso, a empresa poderia dispor, sempre que necessário, da assessoria de consultores especializados nessas técnicas, para auxiliar os *agentes* "internos" a lidar com situações específicas que possam aparecer e que se mostrem difíceis de ser resolvidas.

*Diagnóstico organizacional com referência à política geral de recursos humanos aplicada na organização*

Como vimos anteriormente, a empresa pode fazer a transição do modelo político (estratégico ou gestão por competências) para o modelo transformacional (gestão das contradições), que pode ser considerado a situação desejada.

Dessa forma, para a empresa, trata-se de fazer uma transição do Paradigma de Gestão de Pessoas "Político" (Gestão por Competências, Gestão Estratégica de Pessoas), que está bem implementado na organização, para o Paradigma de Gestão de Pessoas Transformacional, que lida com as contradições e ambiguidades organizacionais e com os fenômenos afetivos que acompanham a mudança.

A seguir, compararemos os dois modelos (o modelo relativo à situação atual para a situação desejada).

## Modelo político

No Modelo Político de Gestão de Pessoas, a eficiência econômica é negociada, ocorre a aceitação do conflito e sua superação via negociação, a avaliação dos resultados é feita pelo grupo organizacional, os indivíduos são considerados atores políticos que buscam a concretização de seus interesses na organização, a mudança organizacional é vista como desejável e necessária, o meio ambiente é construtivo por meio de alianças estratégicas, a organização é vista como arena política. As funções da gerência nesse modelo envolvem a conjugação de diretoria e gerência para tratar das questões relacionadas à gestão de pessoas; a antiga função de "recursos humanos" ganha importância estratégica na organização, os gerentes considerados "árbitros" decidem após ouvir as partes envolvidas, ocorre a busca de consenso, quando possível, negociação política entre as partes interessadas, diversidade cultural, o que implica diversos padrões de referência e comparação, autonomia e responsabilidades pelos resultados (MOTTA; VASCONCELOS, 2006).

O nosso diagnóstico organizacional, através de entrevistas e análise de documentos, mostra que a empresa estudada realmente consolidou esse modelo.

No entanto, esse mesmo diagnóstico mostra que, se a empresa é eficiente ao adotar o perfil do AGENTE como um empreendedor interno, ela aperfeiçoaria ainda mais os seus processos de gestão da mudança caso desenvolvesse nos seus gestores, além do perfil empreendedor, o perfil de AGENTE como definido neste estudo e discutido anteriormente. Para tanto, ela precisaria implementar o Modelo de Gestão de Pessoas Transformacional.

Segundo Nunes, Vasconcelos e Jaussaud (2008), o modelo chamado de transformacional apresenta as seguintes características:

- **a)** a organização como sistema em que três dimensões se interceptam: psicológica, política e histórica;
- **b)** os agentes sociais são destaques na organização e operam com ambiguidades, contradições e paradoxos numa ótica racional e afetiva;
- **c)** transdisciplinaridade envolvendo vários campos do conhecimento;
- **d)** do ponto de vista metodológico, destaca a análise crítica;
- **e)** valoriza a diversidade, sendo a mudança considerada local e global numa perspectiva dinâmica;
- **f)** destaca a situação, o aspecto contingencial e não o ideal dos modelos, proposições e ações pelo fato de considerar que não há harmonia entre objetivos do indivíduo e da organização, mas conflitos, contradições e paradoxos;
- **g)** dá relevância à interseção entre organização, mercado e sociedade;
- **h)** esse modelo é também chamado de psicodinâmico por influência dos trabalhos, principalmente, de Klein (1948) sobre pulsão de vida e morte, que tem como base os trabalhos de Freud.

### Modelo transformacional e cultura

O entendimento dos paradoxos é uma chave no modelo transformacional, exigindo uma compreensão de cultura pelo fato de os fenômenos organizacionais, e consequentemente das contradições, ocorrerem em um contexto sociocultural.

Nessa perspectiva se apresenta o trabalho de Schein (1984). Na obra *Coming to a New Awareness of Organizational Culture*, o autor define cultura organizacional como:

> *o padrão de suposições básicas que um dado grupo tenha inventado, descoberto ou desenvolvido para aprender como lidar com seus problemas de adaptação externa e integração interna, e que tenha trabalhado suficientemente bem para ser considerado válido, podendo ser, desta maneira, ensinado aos novos membros como a forma correta de perceber, pensar e sentir em relação a estes problemas (SCHEIN, 1984, p. 3).*

Com base nessa definição constata-se que a cultura pode ser ensinada a novos membros da organização como forma de se adequar e se comportar de acordo com suas regras, crenças e outras características, e, assim, perpetuar e desenvolver a organização. Cultura organizacional é uma expressão que está relacionada com aprendizagem, transmissão de geração para geração, processo de mudança e evolução organizacional.

Schein (1984) aborda os diferentes níveis da cultura em termos de como ela se expressa com mais ou menos tangibilidade:

- **a)** os artefatos visíveis da organização se referem ao leiaute (arranjo físico), ao comportamento das pessoas, enquanto outras formas, embora percebidas, são difíceis de ser decodificadas e entendidas;
- **b)** os valores devem ser considerados como um dos elementos da cultura e mostram o que é importante naquela organização, como, por exemplo, a utilidade de algo;
- **c)** as suposições básicas de uma organização, muitas vezes, não são conscientes, mas interferem significativamente na forma como seus membros percebem a realidade, pensam, sentem e se comportam.

Para a adoção do novo modelo transformacional é necessário uma mudança de paradigma cultural ou de visão compartilhada da realidade.

Para se proceder a essa mudança de paradigma, é necessário um período de transição durante o qual recomendamos o treinamento dos atuais gestores da mudança e da inovação que possuem perfil de empreendedor interno em técnicas de gestão voltadas para o diagnóstico dos paradoxos e contradições que interferem na mudança, dos bloqueios afetivos que atrapalham a aprendizagem organizacional e no desenvolvimento de soluções adequadas para lidar com essas realidades.

Quinn e Cameron (1988), no livro *Paradox and Transformation: Toward a Theory of Change in Organization and Management*, e Smith e Lewis (2011), em seu texto *Toward a Theory of Paradox: A Dynamic Equilibrium Model of Organizing*, oferecem definições e uma análise profunda de como lidar com os paradoxos e com múltiplas definições da realidade por parte dos atores organizacionais. Kets De Vries (1980), em seu livro *Organizational Paradoxes*, também trata dos aspectos afetivos e paradoxais que atuam na organização bloqueando os processos de mudança.

A literatura atual em gestão oferece pistas de como operar a transição entre os dois modelos. Trata-se de problemática nova e complexa, que não conhece soluções simplistas. Dessa forma, indivíduos que não possuem formação de base nas áreas de psicologia, comunicação, análise semiótica ou gestão da mudança terão dificuldade em lidar com essa realidade complexa e desenvolver o perfil de *agentes* citado neste trabalho.

Propõe-se, portanto, para a empresa estudada, duas ações:

**a)** a mudança de seu sistema de gestão de pessoas para o modelo transformacional, inclusive incorporando nos seus treinamentos essa nova visão;

**b)** a contratação (de forma temporária e esporádica) ou permanente de indivíduos com profunda formação nas áreas citadas.

Assim, os atuais empreendedores internos – gestores da mudança – adquirirão algumas competências que os aproximem do perfil desejado, mas também terão uma estrutura de apoio da área de gestão de pessoas e de consultores especializados que possuem essas competências em lidar com paradoxos e situações de mudança complexa.

É necessário mudar, assim, o nível "macro" – ou seja – as Políticas Gerais de Gestão de Pessoas, para se conseguir uma visão geral compatível com o desenvolvimento do novo perfil desejado do *agente*.

Para mudança dessa organização em geral, como vimos, torna-se importante uma análise do modelo de gestão de pessoas e uma mudança de paradigma.

O setor elétrico brasileiro é um setor estratégico, e a maior colaboração entre as diversas partes em situações de mudança torna-se fundamental. Assim, em se tratando de paradoxos e *agentes de transformação*, os diversos autores falam não apenas em uma mudança no paradigma de gestão de pessoas, mas em uma mudança em organizações que buscam uma discussão mais ampla nesse sentido.

Quinn e Cameron (1988), em seu livro *Paradox and Transformation: Toward a Theory of Change in Organization and Management*, trabalham essa questão e o livro tornou-se nesse tema. Heckscher e Adler (2006), em seu livro *The Firm as a Collaborative Community* também trabalham esses temas sob o paradigma de estudos organizacionais.

O nosso estudo de caso permite assim fazer uma inferência, mostrando que a empresa estudada está buscando implementar uma rede de agentes internos em correspondência com modos de combinar estratégias, processos, projetos, gestão, organização, tecnologia e pessoas, visando indicadores de desempenho como qualidade, produtividade, inovação, satisfação dos clientes, retorno sobre investimentos e outros. AGENTES que apoiam processos de rotina, que buscam continuidade, garantia, conformidade a padrões e, por outro lado, mudanças na organização, como, por exemplo, na implementação de novo programa, tornam-se importantes. Nesse contexto, o papel dos AGENTES pode ser ampliado, o que implica trabalhar com paradoxos organizacionais na perspectiva do modelo transformacional.

Esse enriquecimento do papel dos AGENTES pode ser considerado um dos principais desafios na gestão da evolução no escritório de processos e projetos estudado.

A proposição de um modelo analítico de desenvolvimento de AGENTES como estratégia para apoiar mudanças organizacionais e o processo de transformação no escritório de processos e projetos podem ser concebidos através de uma aliança de competências entre a área de recursos humanos e esse escritório, pois ambos já operam com treinamento e desenvolvimento. Um projeto de educação corporativa pode ter como linha de frente esses dois *offices* com apoio das áreas de tecnologia de informação e comunicação interna.

Como principal linha de trabalho busca-se enriquecer o papel ou papéis desses empreendedores internos orientados para a produção e disseminação de melhores estratégias, de melhores práticas para se lidar com paradoxos em um ambiente colaborativo em rede na perspectiva do modelo transformacional. Neste último, destaca-se uma das características da contemporaneidade, ou seja, a diversidade (as ambiguidades, as contradições, os paradoxos). Essa heterogeneidade de visões de pessoas, de áreas, de interesses pode ser conjugada e tratada por uma rede de AGENTES que, através da colaboração, podem apoiar processos de integração, mudanças e inovação.

## Considerações finais

A análise dos resultados das entrevistas e documentos desse estudo de caso permite responder à problemática da questão proposta e dos objetivos apresentados inicialmente.

O escritório atua com eficiência em processos, projetos e qualidade quanto às dimensões técnicas, de gestão e de negócios. Tem o agente de transformação referenciado também como ativista, com seus papéis reconhecidos pela organização e segmentados por processos/projetos (coordenador e analista), qualidade (gestor, analista, representantes, auditores internos), direção (representantes da alta direção), estratégia (analista, patrocinador, coordenadores, líderes que atuam em reuniões de análise, gestão de mudanças, comunicação, inteligência competitiva, alinhamento etc.).

A definição de agentes na empresa é diferente da definição de agentes de mudança adotada neste trabalho.

Na empresa pesquisada, o agente estimula as pessoas para garantir conformidade e desempenho dos processos (rotina) e atua como empreendedor interno (*intrapreneur*) para conseguir adesão (aliados) a projetos, processos e qualidade.

O agente tem importante papel na interação, na conversa e na busca de acordos entre as partes interessadas (*stakeholders*) quanto à gestão de processos e projetos, gestão de inovação, gestão estratégica etc.

Como principais desafios de gestão de mudanças/gestão de recursos humanos no escritório podem ser citadas: certificação e otimização de todos os processos da empresa; busca de sinergia entre estrutura hierárquica com seu pensamento departamental, que restringe a visão integrada de negócios e o fluxo dos processos; gestão em rede entre *holding* e distribuidoras; aliança entre a área de gestão de pessoas e o escritório em programas compartilhados e orientados para a formação e o desenvolvimento de recursos humanos; ir além do sistema de gestão de qualidade (requisitos) e desenvolver a conexão entre dimensões de gestão em busca da sustentabilidade. Isso significa visão sistêmica na qual se relacionam dimensões como estratégia, processos, governança, gestão, tecnologia e pessoas.

A proposição de agentes de mudança pode interferir nesse processo de transformação de forma mais ampla. A proposição de agentes de mudança é concebida pelo escritório como uma estratégia educacional para preparar as pessoas da organização para mudanças e inovações. O escritório pode ir além na utilização dos modelos de gestão praticados, evoluindo para a abordagem transformacional e operacionalizado por um programa de agentes com foco em mudanças, inovação e paradoxo. Uma perspectiva pode ser a criação de uma estrutura de apoio à estratégia de agentes por meio de contratação de profissional externo (consultoria), ampliação de políticas e práticas de gestão de recursos humanos, esforço conjugado entre a área de gestão de pessoas - escritório–TI–comunicação –, governança que incentive a disseminação de melhores práticas de gestão de pessoas para o desenvolvimento da organização.

De acordo com o caso estudado e a fundamentação teórica apresentada pode-se conceber um modelo analítico de estratégia de agentes em processos de inovação. Alguns parâmetros apoiam essa concepção. *Papel*: Apoiar processos de entendimento, colaboração e inovação através de estratégias orientadas para paradoxos na perspectiva do modelo transformacional. Tem relevante função como ligação, de comunicação no sistema (além da segmentação). *Perfil*: Psicologia, comunicação, análise semiótica, gestão da mudança para lidar com realidade complexa e em transição. *Desenvolvimento*: Proposição conjunta de educação corporativa entre escritório e recursos humanos: formação, desenvolvimento e orientação de agentes (se possível, com apoio de consultoria, *coaching*). *Desempenho*: Realização de um diagnóstico de quais dificuldades impedem a comunicação efetiva entre os indivíduos na organização, mapeando as diferentes representações dos vários grupos. Interpretação dessas diferentes percepções, construindo uma rede de significados relativos à representação de cada grupo, para compreender como essas diferentes percepções da realidade estão inter-relacionadas. Iniciação de um processo de negociação de significados para permitir a construção de uma visão compartilhada da realidade que permitirá a ação comum dos membros da organização. *Resultado*: Contribuições para o desenvolvimento da organização de indicadores de desempenho (KPI) e sustentabilidade.

Como conclusão, constata-se que a empresa estudada é eficiente na gestão de processos, projetos e qualidade. Utiliza agentes apoiando essas três dimensões, além de atuar com base em estratégia, tecnologia, organização, cultura, pessoas etc. O escritório opera com rotinas em processos e qualidade, e com empreendedorismo em projetos. A proposição da utilização de uma abordagem transformacional, além das já utilizadas atualmente – instrumental e política –, pode ampliar as possibilidades de inovação, integração e alinhamento frente a seus desafios. Isso exige enriquecimento do papel, perfil, desenvolvimento e atuação dos agentes conforme apresentado neste trabalho.

## Referências utilizadas neste caso

BRABET J. Repenser la gestion des ressources humaines. Paris: Econômica, 1993.

CAMERON KS, QUINN R. Organizational paradox and transformation. In: QUINN RE, CAMERON KS. (Eds.) Paradox and transformation: toward a theory and change in management. Cambridge: Ballinger, 1998, p. 12-18.

HECKSCHER C, MACCOBY M, RAMIREZ R. Agents of change: crossing the post-industrial divide. Oxford: Oxford University Press, 2003.

HECKSCHER C. The collaborative enterprise: managing speed and complexity in knowledge-based businesses. Yale University, 2007.

HECKSCKER C, ADLER PS. The firm as a collaborative community: reconstructing trust in knowledge economy. Oxford: Oxford University Press, 2006.

LEWIS M. Exploring paradox: toward a more comprehensive guide. The Academy of Management Review, 25(4) 760-776, 2000.

LUSCHER LS, LEWIS M, INGRAM A. The social construction of organizational change paradoxes. Journal of Organizational Change Management, 19(4)491-502, 2006.

SCHEIN E. Coming to a new awareness of organizational culture. Sloan Management Review, 25(2). Winter, 1984.

SMITH WK, LEWIS MW. Toward a theory of paradox: a dynamic equilibrium model of organizing. Academy of Management Review, 36(2) 381-403, 2011.

VASCONCELOS FG, VASCONCELOS FC. Gestão de recursos humanos e identidade social: um estudo crítico. RAE – Revista de Administração de Empresas. São Paulo, 42(1) 64-78, Jan./Mar. 2002.

_____ (Org.). Paradoxos organizacionais: uma visão transformacional. São Paulo: Thomsom Learning, 2004.

ZENKER MR. Mudança organizacional em uma empresa do setor elétrico brasileiro: um estudo de caso no escritório de gestão de processos e projetos estratégicos. São Paulo, 2012. Dissertação de mestrado apresentada ao Centro Universitário da FEI. (Utilização parcial da pesquisa com as devidas transformações para adequação a esta obra.)

## 2.3 ESTUDO DE CASO: ENVOLVIMENTO E COMPROMETIMENTO DE *STAKEHOLDERS* (PARTES INTERESSADAS)

*Iniciação, planejamento, execução, monitoramento, controle e encerramento*

A empresa X é uma loja de roupas. Quer ser conhecida por "um estilo carioca de se vestir" e deseja espalhar esse conceito por todo o Brasil através de suas filiais.

Há aproximadamente 15 anos, a empresa começou a verificar queda nas vendas, falta de integração entre as lojas, desmotivação dos funcionários, falta de liderança e um clima de conflitos intralojas e entrelojas (boatos, acusações infundadas etc.). Viu-se a necessidade de uma intervenção, e a estratégia escolhida foi um programa de comunicação interna de médio prazo (um ano).

A estratégia que dava suporte a esse programa era estimular as relações horizontais, verticais e diagonais na estrutura organizacional. Um dos pressupostos do trabalho proposto era de que a formação de uma verdadeira rede de interações entre as pessoas, nas diversas funções e níveis, na aliança entre competências e outros fatores, apoiaria melhores resultados organizacionais e para os clientes.

### Meta global do programa

- Aumentar as vendas em x% nos produtos atuais.
- Trabalhar o clima organizacional.
- Promover a criatividade entre os funcionários.

### Responsabilidade

- Gerente de recursos humanos (RH) e coordenador de treinamento: do pré-evento ao pós-evento (todas as atividades).

### Estratégia

- Evento com todos os profissionais das lojas.

### Nome do programa

- "Inov-Ação" – conceber, planejar, organizar, acompanhar e controlar todo o processo.

### Etapas do programa

- Contratação de serviços externos de consultoria para apoiar as iniciativas de RH.
- Identificação das competências dos profissionais de RH através de conversas não formais com a consultoria.
- Aplicação dessas competências – cognitivas, emocionais, de relacionamento e liderança na gestão do evento.
- Entendimento do plano de negócios da empresa e formas de atuação.
- Identificação das forças e limites das lojas – pessoas, vitrine, organização, administração, veículos para atrair clientes, ciclo de aproximação do cliente até a loja, esquema de fidelização, atendimento etc.
- Identificação de temas e formas de condução através de evento do estilo convenção de vendas.
- Aliança de RH com a área comercial.
- Planejamento e realização do evento para todos os colaboradores das lojas.
- Aplicação de técnicas variadas de envolvimento e comprometimento com conquistas aplicadas ao evento.
- Aplicação *in locu* (loja) dos compromissos assumidos com metas e planos de ação desenvolvidos no evento.
- Apoio de RH e área comercial para as lojas na viabilização das propostas.

Comparação de faturamento mês a mês, ano anterior e ano corrente: acima da meta prevista.

### Resultados alcançados

Aumento de vendas em 15% depois de um ano.

Esse programa manteve-se durante vários anos, com as devidas modificações e ajustes, e com o objetivo de tornar-se parte da cultura da empresa.

Esse caso pode ser interpretado do ponto de vista do desenvolvimento de rede de contatos e integração entre atores internos, o que gera melhores resultados organizacionais. Destaque deve ser dado à forma como esse processo foi desenvolvido, suportado por uma consultoria interna com duas profissionais de recursos humanos (gerente e coordenadora de treinamento).

## 2.4 ESTUDO DE CASO EM ORGANIZAÇÃO INTERNACIONAL: BOAS PRÁTICAS PARA INTEGRAR O PLANEJAMENTO ESTRATÉGICO E OS RECURSOS HUMANOS VISANDO AO RETORNO SOBRE O INVESTIMENTO

### Considerações inicias

- Programa corporativo e projetos da área de recursos humanos (integração).
- Laboratório farmacêutico (SP).
- Gerente de projeto: diretor de recursos humanos.
- Apoio: profissional interno – coordenador de recrutamento, seleção, treinamento e remuneração.
- Possui gerência geral, diretorias (industrial, médica, financeira, institucional, comercial e qualidade). A área de recursos humanos é composta por Administração de Pessoal, Serviços Gerais, Recrutamento e Seleção, Salários e Treinamento.

### Objetivos definidos no planejamento estratégico

- Prover adequado retorno de investimentos.
- Promover crescimento contínuo da organização.
- Operar no negócio de cuidados da saúde com base na ética, considerando produtos, qualidade e eficácia, em conformidade com os procedimentos legais do país.
- Atrair e desenvolver recursos humanos necessários, preservando a individualidade, criatividade e potencialidade de cada pessoa, como também os aspectos humanos e sociais.
- Manter uma atitude gerencial criativa e flexível direcionada a futuras necessidades.
- Prover condições seguras de trabalho para os funcionários.
- Contribuir para o desenvolvimento da comunidade.

### Metas (parciais)

- Alcançar no ano X um retorno operacional de Y.
- Manter um total de investimentos de X com um ROI (retorno sobre investimentos) de Y.
- Alcançar crescimento em vendas no ano X acima do crescimento do mercado sem comprometer as metas anteriores.
- Administrar preços de vendas em conformidade com diversos fatores.
- Acelerar lançamento de novos produtos.
- Implementar um programa de recursos humanos.
- Prover a empresa com adequado suporte legal.
- Estabelecer um sistema, uma comunidade com minimização de reuniões, decisões aceleradas e maximização de recursos disponíveis.
- Definir necessidades de investimento de médio prazo.
- Melhorar controle, análises estatísticas e condições seguras na organização.
- Estabelecer critérios para doações orientados para o desenvolvimento da comunidade.

### Projetos de recursos humanos

- Criar um sistema de remuneração (cargos, salários e benefícios).
- Ter perfil esperado de desempenho por função.
- Melhorar o sistema de recrutamento e seleção.
- Criar o departamento de treinamento e programa de integração para novos funcionários.
- Rever benefícios dos funcionários – assistência médica e odontológica, seguro de vida, assistência social etc.
- Ter um programa OGP (*objetives*, *goals*, *plans*) por departamento.
- Criar programa de sugestões para funcionários.

- Realizar pesquisa *headcount* com outros laboratórios para dimensionamento de recursos humanos por departamentos/setores.

## Diagnóstico e interpretações

*Primeiros comentários*

Percebe-se, nesse cenário organizacional e de recursos humanos esboçado, a necessidade de articular portfólio, programas e projetos visando otimizar recursos e maximizar benefícios.

O diretor de recursos humanos, como patrocinador e gestor desses diversos projetos, precisa atuar do macro (organização) para o micro (quesitos de cada projeto). Para isso, conta com sua equipe de projetos. Precisa atender as partes interessadas (presidência, várias áreas da organização), funcionários, agentes externos (em plano de saúde, seguros etc.) e, indiretamente, a outros públicos.

Observa-se que o cenário está traçado antecipadamente para um ambiente de mais estabilidade do que incerteza. Isso reforça a clareza de demanda por competências de planejamento, organização, liderança, monitoramento e controle, entre outras.

Como áreas de conhecimento destacam-se recursos humanos e partes interessadas. Como grupos de processo que acontecem no tempo observa-se a importância de assumir cada "gol" como um projeto. Alguns projetos são encerrados e outros entram em processo de melhoria contínua.

*Requisitos de alguns projetos*

A pesquisa *Headcount* é realizada pela área de Administração de Salários. São escolhidas 10 empresas participantes que têm em comum serem do setor farmacêutico. Como ferramenta é utilizada uma matriz em que são cruzadas duas dimensões: departamento com seus setores e as empresas participantes. A média de mercado (%) é calculada pela fórmula: somatório de funcionários por área dividida pelo somatório total de funcionários das organizações. Ao ler a matriz pode-se ver o número total de funcionários de cada empresa por setor com o total dos funcionários. Na leitura horizontal compara-se o número de funcionários em um setor empresa-empresa.

A média de mercado dimensiona a porcentagem de funcionários que as empresas têm por setor. Compara-se, por exemplo, o número total de funcionários por empresa. Importante é comparar o dimensionamento proporcional apresentado pela amostra (mercado) com o total de funcionários por setor. Essa diferença pode sinalizar a atenção para o dimensionamento de recursos humanos, o que implica revisão dos processos de gestão de pessoas. Nessa pesquisa, as partes interessadas podem ser consideradas, por exemplo, as empresas participantes. Como os resultados das 10 empresas pesquisadas e do laboratório que fez a pesquisa, demandam um perfil de competências das pessoas que disponibilizam as informações com foco essencialmente na ética, nos valores, além de competências técnicas, organizacionais e outras. É interessante notar que a concepção, o planejamento, a execução, o monitoramento, o controle e o encerramento desse projeto exigem competências gerais de um gestor, mas também específicas, como habilidade numérica e estatística. Essa pesquisa pode ser classificada na categoria de *benchmarking* quanto às práticas de dimensionamento de recursos humanos nas organizações.

#### *Outros projetos de recursos humanos*

Os diversos projetos de recursos humanos citados anteriormente podem ser compostos com base nos processos de gerenciamento de recursos humanos do *Guia PMBOK®*. Recomenda-se que seja elaborado um plano de gerenciamento de recursos humanos, aquisição, desenvolvimento e gerenciamento da equipe da própria área que passa por transição nessa organização, naquele momento; além disso, pode-se estender o trabalho com recursos humanos para os funcionários da organização atuais e futuros. Nessa última perspectiva são ativados os processos de recrutamento, seleção, admissão, remuneração e benefícios, educação, avaliação de desempenho, plano de carreira, pesquisa de *turn-over*, retenção de talentos e outros processos.

### Considerações finais

Avaliar, desenvolver e reconhecer competências demandadas por projetos e ofertadas pelo gerente de projeto implica avaliar cada cenário específico (época, sociedade, mercado, setor, organização, cultura, clima organizacional, planejamento estratégico, governança corporativa e outros), áreas do conhecimento como integração, escopo, tempo, custo, qualidade, recursos humanos, riscos, aquisição, partes interessadas e afins. Exige do gerente do projeto, da sua equipe e do patrocinador disponibilizar competências para efetivar o desenvolvimento do produto pelas fases do projeto. Cada fase demanda perfis de competências distintos. Cada processo em cada fase implica a identificação de entradas, o uso de técnicas e ferramentas nesse micromundo multidimensional onde pessoas e *stakeholders*, através da comunicação e interação, transformam um conjunto de variáveis influentes em um conjunto de entregáveis. Entregáveis que não são apenas documentos como um plano, mas acordos, entendimentos e comprometimentos dos envolvidos. Aspectos tangíveis se mesclam com intangíveis, como, por exemplo, acordos a ações com base em valores (como respeito frente às diferenças) e resultados (que através de colaboração exponenciam resultados para a comunidade envolvida direta e indiretamente no projeto).

## 2.5 ESTUDO DE CASO EM ORGANIZAÇÃO INTERNACIONAL: ESTRATÉGIAS PARA DESENVOLVER EQUIPES EM PROCESSOS DE INOVAÇÃO: INTEGRANDO ASPECTOS EDUCACIONAIS, HUMANOS E DE NEGÓCIOS

### *Histórico e cenário*

Esse caso foi incialmente apresentado no Seminário de Informação Corporativa da FEA/USP com o título Mapas e Rotas da Informação. O relato foi reescrito, submetido a outro evento e aceito pelo Transformare (Centro Franco-Brasileiro de Estudos Avançados em Organizações, Inovação e Sustentabilidade), que promoveu o evento. É apresentado em duas versões: formal (quando enviado para a comissão do evento objetivando aprovação) e informal (para ser apresentado de maneira coloquial, por escrito e na apresentação oral).

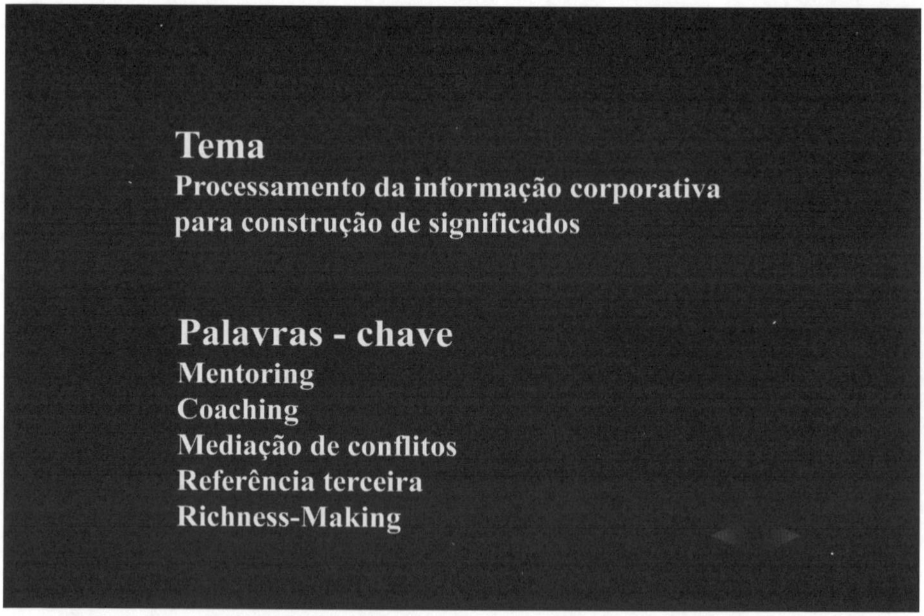


**FIGURA 2.1** Representação gráfica do caso com destaque para o mapa (espaço) e as rotas (tempo) das informações.

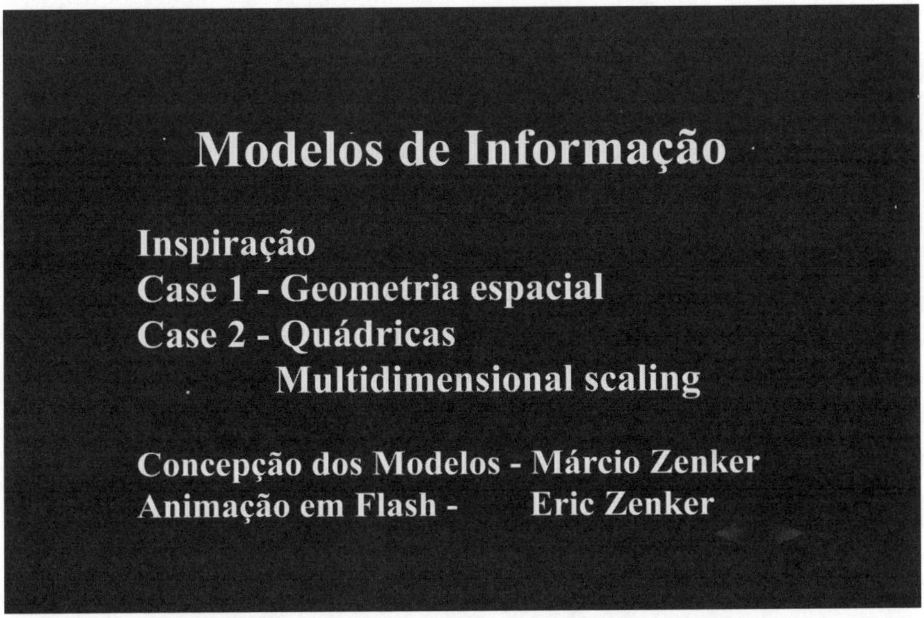


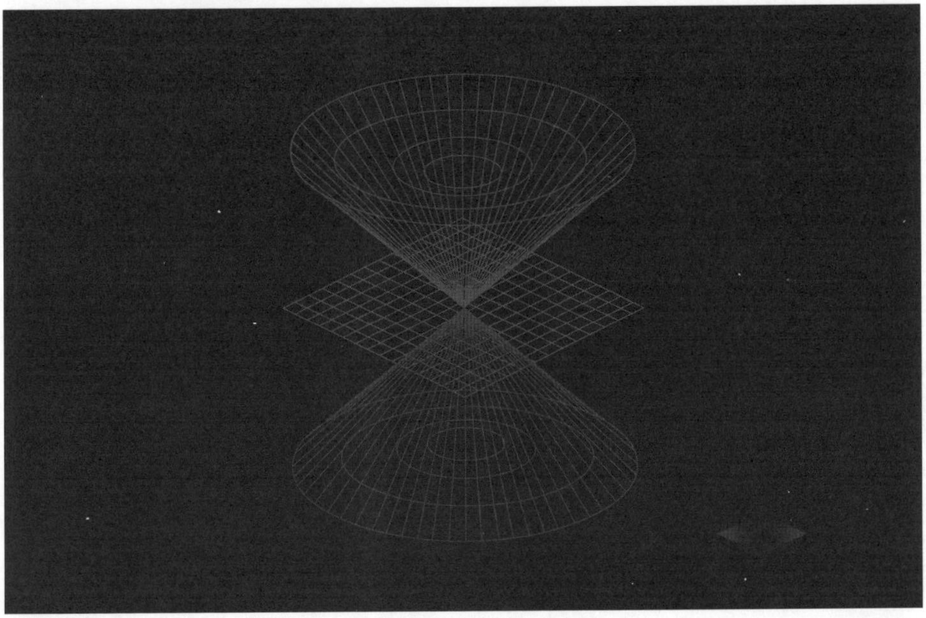

**FIGURA 2.1** Representação gráfica do caso com destaque para o mapa (espaço) e as rotas (tempo) das informações (*continuação*).

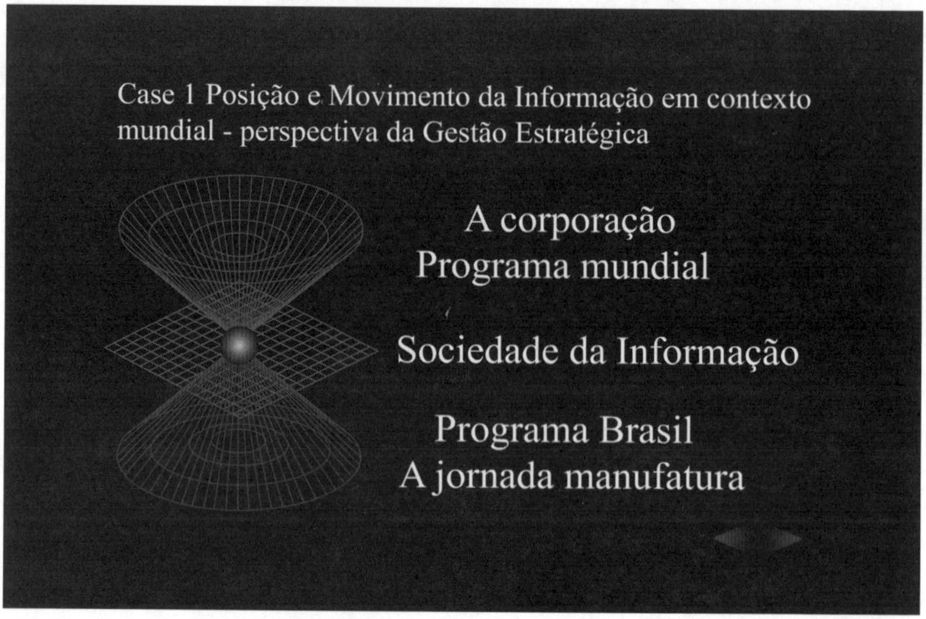


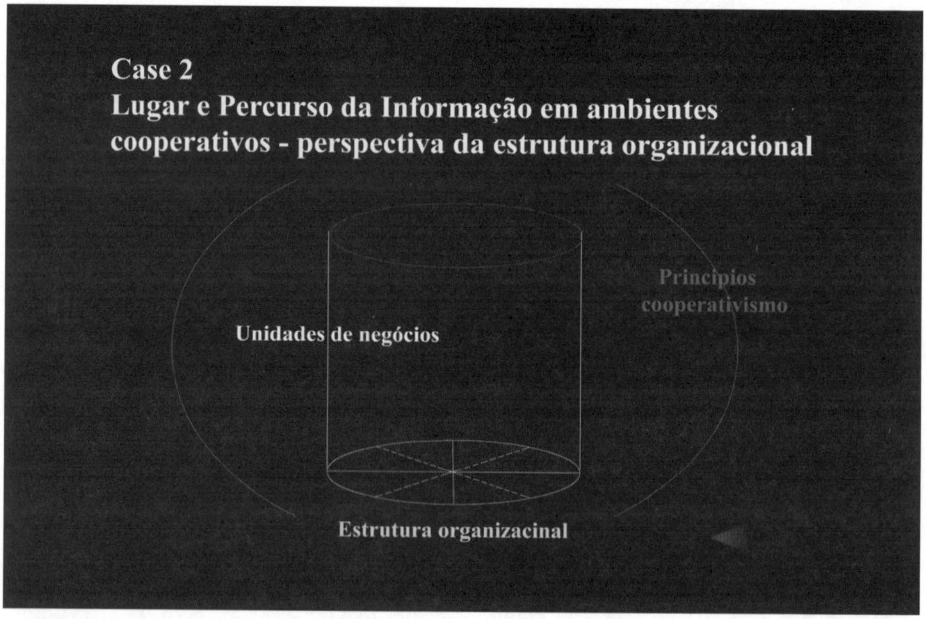


**FIGURA 2.1** Representação gráfica do caso com destaque para o mapa (espaço) e as rotas (tempo) das informações (*continuação*).

*Descrição do caso*

A versão informal do caso é apresentada a seguir em linguagem narrativa e coloquial.

O autor desse caso é psicólogo com especialização em recursos humanos. Trabalhou como funcionário de organizações, atuando principalmente na área de treinamento e desenvolvimento. Ao conduzir seminários com os gerentes nessas organizações, tinha a postura de que, em função da experiência e conhecimento dos mesmos, essa bagagem deveria ser mais bem aproveitada através de trabalhos em grupos em que o desafio maior era aproveitar a diversidade de competências para se chegar a melhor resultado.

## Início

Surgiu o desafio lançado por uma empresa norte-americana da área farmacêutica para um trabalho de consultoria, envolvendo gerentes para que eles trabalhassem em grupo em um seminário e descobrissem soluções inovadoras para metas desafiadoras. Essas metas faziam parte do planejamento estratégico, e a empresa não tinha histórico de aprendizagem para a resolução de tais metas.

Uma das críticas que se faz a serviços de consultoria é que elas já detêm os conhecimentos, metodologia e técnicas que são transferidos ao cliente. O que se critica aqui é que são oferecidas soluções que já estão prontas, e não aquelas que são construídas com o cliente em um processo passo a passo. A vivência nesse caso mostrou-se diferente. O consultor, ao iniciar os primeiros contatos após ser contratado, percebeu que era uma situação específica pelo fato de o trabalho com equipes ter como suporte um programa internacional chamado *team-expo*, composto de políticas, práticas e esquemas práticos que apoiavam a maneira de estruturar um plano para atingir a meta. Foram realizadas algumas reuniões com a diretoria e com um gestor que se mostrava bem entendido no assunto. Esse gerente disse que teve a oportunidade de participar de casos no Brasil que foram premiados no exterior. Assim, o consultor percebeu a importância de contar com esse profissional como orientador dos trabalhos que estavam sendo planejados.

Diretoria e gestor detalharam para a consultoria aspectos da realidade organizacional em termos de visão, missão e valores da empresa, organograma e metas da diretoria industrial, onde deveria ser realizado o trabalho, histórico daquela área na conquista de metas, facilitades e dificuldades da equipe gerencial. Um dos pontos críticos apontados pela direção era que cada gestor de setor abaixo dele atuava de forma individualizada, na linha "cada coelho na sua toca". Na troca de ideias percebeu-se a importância de convidar outros profissionais da empresa que estavam relacionados com essa diretoria, como diretoria comercial, qualidade e recursos humanos. Ter outras pessoas de decisão da empresa em um seminário poderia estrategicamente ser interessante pelo fato de elas terem mais chance de apoiar a realização das metas posteriormente. A diretoria selecionou seis metas mais desafiadoras para aquele ano. Algumas dessas metas: criação de programa de conservação de energia, redução de X% para Y% de absenteísmo, implantação de sistema de certificação de materiais de embalagens, sistema de avaliação de fornecedores e outras.

Outra prática descoberta nesses momentos de diálogo foi que se fazia necessário mesclar os participantes, ou seja, competências, para aumentar as possibilidades de descoberta das soluções e planos para essas metas. Buscou-se compor as equipes com competências complementares para aquele desafio. Se, por exemplo, a solução para realizar uma meta exigia compras de material, um profissional dessa área era alocado nesse grupo.

O consultor teve várias percepções nesse processo de levantamento de informações com as pessoas-chave para a concepção do seminário, como, por exemplo: a importância de conhecer a realidade dos envolvidos através da conversa e análise de documentos como plano de metas, organogramas, gestores responsáveis por cada meta, prazo para realização de cada meta etc.

Estava claro para diretoria, gestores e consultoria que se tratava de um trabalho de:

- Inovação, pela necessidade de descobrir novos processos para atingir objetivos.
- Estratégias, para desenvolver equipes nesses processos de inovação.
- Necessidade de integrar aspectos educacionais, humanos e de negócios.

### Meio

O seminário ocorreu em um período de três dias, fora de São Paulo, em local propício ao desligamento da correria do dia a dia.

Havia aproximadamente 40 participantes, em sua grande maioria, gestores. A coordenação do seminário foi realizada por dois consultores, ambos psicólogos, um com experiência maior na condução de equipes e outro com mais vivência no meio empresarial.

A programação iniciou-se com o formalismo habitual em que a alta gerência dá boas-vindas, apresenta os objetivos e o programa. Percebe-se, nas expressões faciais e no silêncio dos participantes, certo nervosismo diante daquele momento que não era nada comum para aquelas pessoas da área industrial, pois seminários são muito mais comuns para a área comercial.

Os psicólogos deixam o discurso de lado e convidam os praticantes a realizar jogos. Alguns são individuais e outros grupais. São exercícios lúdicos e envolvem o desafio de buscar soluções novas. Essa fase já pode ser considerada uma estratégica para estimular competências para a etapa seguinte, que envolve conquista frente a metas empresariais.

Alguns exemplos de exercícios:

- Lenço, em que se faz necessário descobrir uma forma inovadora de manusear esse recurso para atingir um objetivo.
- Colheres e copos: equipes são formadas, e os coordenadores do evento apresentam o desafio, o procedimento e algumas dicas de como realizar o objetivo através do manuseio desses recursos.
- *Slides* de percepção: com base nos estudos de percepção desenvolvidos pela *Gestalt* no campo da psicologia, imagens são apresentadas e pergunta-se o que vem naquela imagem. Através de uma observação mais cuidadosa e com as dicas dos psicólogos, acabam descobrindo mais informações sobre as imagens.

Após esses exercícios, perguntava-se aos participantes o que aprenderam com aquela dinâmica. Era comum as pessoas relacionarem com seu trabalho do dia a dia e apresentar as lições aprendidas como, por exemplo, a necessidade de compartilhar informações com os outros, de observar por mais tempo, de como estavam sendo criativos e inovadores em suas respostas no decorrer dos exercícios.

Em seguida, as equipes foram formadas. Cada equipe recebeu uma meta. Os psicólogos se revezavam nos grupos para orientá-los, ora atuando na mediação de um conflito, ora no estímulo à coesão do grupo, no esclarecimento do procedimento para elaboração do plano para atingir a meta em questão etc. Percebia-se o quanto era importante ouvir as pessoas naquilo que estavam tratando, suas dificuldades, seus progressos, e assim por diante. Frente a essas colocações, os psicólogos, que individualmente circulavam pelos grupos, faziam em geral mais perguntas e davam algumas orientações. Percebeu-se que um dos conflitos mais presentes era aquele em que, frente a uma situação, cada um tendia a percebê-lo de acordo com sua formação, sua posição na empresa. Cabia orientar a equipe para que todos ouvissem sem pré-julgamento e se concentrassem na meta, no objetivo. Em seguida, na busca de soluções, que muitas vezes era resultado das contribuições individuais. As soluções eram chamadas por eles de abordagens interdisciplinares.

Após a montagem dos planos para alcance das metas pelos grupos havia uma plenária em que todos esses trabalhos eram discutidos. Essa troca de feedback muito enriquecia cada plano, como se percebia pelos comentários, estava sendo formada naquele seminário uma grande equipe, um coletivo que estava em melhores condições de realizar essas metas ao retornar aos seus trabalhos.

## Fim

Os grupos responsáveis pela operacionalização desses planos de metas, ao chegarem na empresa na segunda-feira, buscavam dar continuidade aos mesmos. Por exemplo, buscavam a área de informática para ter apoio de um analista de sistemas nos passos seguintes, visando à realização do plano.

Os consultores, ao fazerem um contato pós-seminário com a diretoria e os gestores que apoiaram todo esse trabalho, informaram que todos os planos estavam sendo operacionalizados e havia consenso de que as metas seriam atingidas naquele ano.

### *Lições aprendidas/melhores práticas*

Com base nessa experiência, algumas lições aprendidas podem ser elencadas. Uma conceituação de lições aprendidas ajuda a perceber o quanto é importante essa atividade para as organizações e seus agentes: "Melhores práticas são aquelas ações ou atividades realizadas pela empresa ou pelos indivíduos que levam a uma vantagem competitiva sustentável." (KERZNER, p. 234, 2002).

Essa experiência vivida permite apontar algumas premissas:

- Partir da demanda empresarial manifesta no planejamento estratégico propiciou a prioridade temporal e tornou-se o foco para o qual as ações deveriam ser investidas.
- Apropriar-se do programa internacional que estimulava o trabalho em equipe e era constituído de políticas e práticas tornou-se a base na qual o seminário foi concebido e desenvolvido.
- As reuniões com a diretoria industrial e com um profissional de grande experiência nessa área e no programa internacional são consideradas chaves para o sucesso da jornada pelo comprometimento da direção e a familiaridade dos consultores com a realidade do dia a dia dos profissionais dessa área: metas da diretoria, organograma, matriz de responsabilidade dos envolvidos etc.
- A consultoria foi privilegiada por contar com orientações de um profissional exemplar dessa organização, que tinha muita experiência com o programa e era ganhador de prêmios quanto a vários aspectos do seminário como, por exemplo, o compromisso da diretoria com o programa de treinamento, a formação das equipes nas quais se buscava aliança de competências afins com a meta em questão, o painel para discutir as produções dos grupos visando melhorias e validação, e outras.
- A formação dos consultores, ambos psicólogos, atrelados à experiência em condução de grupos em processos educacionais e de inovação ajudou a criar um clima humano e social de trabalho no qual os participantes eram os verdadeiros atores sociais e autores das produções.
- As lições aprendidas por essas equipes de trabalho durante o ano tornam-se propriedades intelectuais da empresa internacionalmente e ficam disponíveis para os profissionais dessa organização no sentido de estimular uma comunidade de boas práticas de gestão.
- Encerrar o seminário com planos de ação para metas permite o desdobramento dos mesmos a partir de segunda-feira com outras áreas e níveis da organização. Essa forma realista de trabalhar é compatível com os valores da atualidade, em que o tempo é fator preciso, além de outras medidas valorizadas pela organização, como custos, riscos,

qualidade, produtividade, inovação etc. Reconhece-se nesse caso vivido que, por falta de acompanhamento formal e sistemático na fase pós-seminário, não se têm dados objetivos e mensuráveis. A contratação de uma consultoria para intervenção pontual tem esse limite como decorrência da própria contratação.

- Uma das premissas consideradas básicas desse trabalho é considerar os agentes envolvidos como dotados de qualificações e que a consultoria atua mais no sentido de estimular que essas capacitações se expressem individualmente, em grupo e coletivamente frente a desafios e tenham como resultado uma produção material que torna-se documento, ou seja, memória dessa história vivida.

## Referências bibliográficas deste caso

Kerzner H. *Gerenciamento de projetos – uma abordagem sistêmica para planejamento, programação e controle.* 10. ed. Blucher, 2011.

*A guide to the project management body of knowledge.* 4. ed. (Guia PMBOK®). Project Management Institute, 2008.

CAPÍTULO 3

# Contribuições especiais de colaboradores convidados – ampliando horizontes

Minha gratidão e reconhecimento a esses profissionais que gentilmente aceitaram o meu convite para darem suas contribuições para gerentes de projetos. Tenho muita admiração por todos. Tive excelentes momentos de luz em conversas não formais, sempre muito atento e sensível ao que diziam com espontaneidade e alegria da partilha. Aliás, descobri sobre a amizade tendo contato com eles.

A apresentação dos textos se faz em ordem alfabética dos nomes dos profissionais.

## 3.1 GESTÃO INTEGRADA DE PROJETOS E PROCESSOS: ALCANÇANDO E SUSTENTANDO RESULTADOS

ALESSANDRO C. MICELLI

Nos dias atuais muito tem se falado sobre os avanços da gestão de projetos, conquistados por meio da adoção de métodos, modelos, práticas e ferramentas, e da implantação de unidades empresariais responsáveis pela condução e/ou disseminação da cultura de gerenciamento de projetos, chamadas de escritórios de projetos ou *Project Management Offices* (PMOs).

Como se sabe, todo projeto é um empreendimento único e temporário, que tem por objetivo o atendimento às expectativas de seus *stakeholders* em relação às entregas planejadas. Contudo, do ponto de vista empresarial, mesmo que os projetos alcancem os resultados almejados, talvez eles não se sustentem no tempo pela falta de visão sistêmica e gestão integrada. A prova disso é o estabelecimento, por algumas empresas, de escritórios de processos que buscam a melhoria contínua de seus processos de negócio. Para essas unidades, "projetos de processos" são claramente identificados pela sua natureza ou essência e planejados a partir da identificação dos processos que vão compor o escopo do projeto, por exemplo: implantação de

**Alessandro C. Micelli**

É consultor e professor do curso de MBA em Business Process Management (BPM), na Faculdade de Informática e Administração Paulista (FIAP) e do curso de extensão em Gestão por Processos na Coordenadoria Geral de Especialização, Aperfeiçoamento e Extensão (Cogeae) da PUC-SP.

Possui vasta experiência nos setores de telecomunicações e energia, tendo atuado nas áreas de infraestrutura, produção e operações em empresas como Lucent Technologies, Vésper e Embratel. Foi Superintendente de Processos e Qualidade na Rede Energia, onde liderou iniciativas voltadas à gestão de processos de negócio (BPM), gestão de projetos (*Guia PMBOK®*), gestão da qualidade (ISO 9001, 10002, 14001 e OHSAS 18001) e gestão da estratégia (BSC).

Recebeu, em 2011, o Prêmio Instituto Avançado de Desenvolvimento Intelectual (Insadi) de Excelência em Processos e, em 2012, o Prêmio Insadi Executivo de Processos do Ano.

sistema ERP, implantação de centro de serviços compartilhados, implantação de *call center* etc. Em todos esses projetos, a essência são os processos de negócio, que precisam ter o seu ciclo de vida gerenciado durante e após o projeto.

Para que os projetos de processos sejam bem sucedidos e ao mesmo tempo garantam a perenidade dos resultados alcançados, algumas empresas estabeleceram "escritórios de projetos e processos" a partir da identificação de suas principais interfaces.

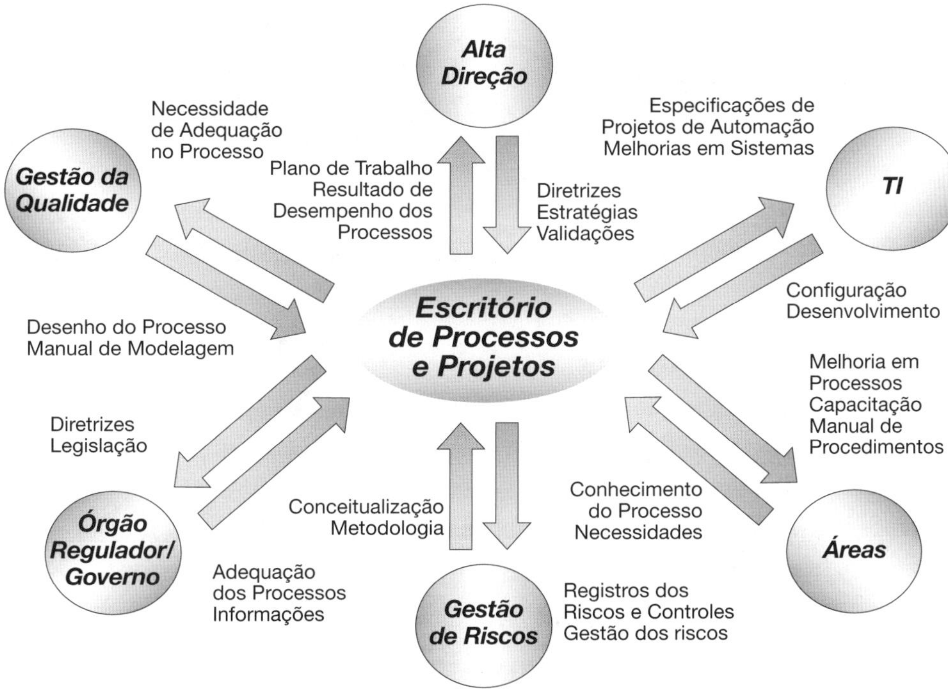


**FIGURA 3.1** Escritórios de projetos e processos e suas interfaces.

Independentemente do formato ou do modelo gerencial adotado, o importante é que haja a busca de sinergia entre as disciplinas de gestão para o alcance de resultados sustentáveis!

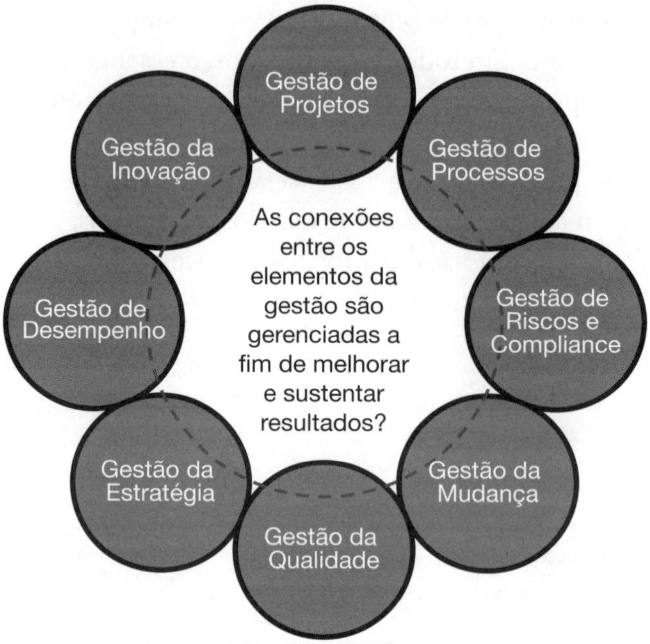


**FIGURA 3.2** Sinergia entre as disciplinas de gestão.

## 3.2 NADA É MAIS FORTE QUE A REALIDADE – VISÃO PRAGMÁTICA E PESSOAL SOBRE A REALIDADE

ANTONIO GUEDES S. ROSAS NETO

Sempre que o assunto gestão de projetos vem à tona, sinto que assumimos o comportamento de quem vê o copo meio cheio. A visão é sempre de algo que tem um aspecto algo mitológico, uma batalha entre o bem e o mal, com percalços que se apresentarão exclusivamente para criar desafios e construir uma nova lenda.

Minha visão, baseada em minha própria experiência executiva, é a de que a velha fórmula 80/20 dos negócios se aplica também para projetos, ou seja, somente 20% deles acabam sendo entregues ou atingem algum resultado tangível e mensurável. E isso vale para a sua empresa em todos os aspectos.

Não podemos esquecer que:

- Estratégias corporativas sucumbem a três meses de vendas abaixo das metas.
- As pessoas se movem dentro das organizações e carregam *budgets* e apoios.
- Fusões e aquisições acontecem sem levar em conta qualquer outra coisa que não seja a imagem corporativa ou o impacto nos dividendos dos *shareholders.*
- Qualquer projeto, por maior que seja, é menos importante que a sobrevivência de um único indivíduo que tenha influência no jogo político corporativo.

**Antonio Guedes S. Rosas Neto**

É executivo com formação em direito, processamento de dados e administração, com experiência local e internacional adquirida em empresas como HP, Nokia, NAI, Metrored, CPM, Xerox Business Services e outras. Sempre atuou como gestor de equipes multidisciplinares e multinacionais, focando vendas de soluções complexas, envolvendo pessoas, processos e tecnologia.

Já vi projetos de expansão geográfica, nacionais ou internacionais, simplesmente serem abandonados após investimentos de alguns milhões de dólares, por motivos que variam de absoluta falta de respeito ou ignorância quanto à diversidade cultural até a simples troca de um vice-presidente.

No entanto, vivemos a era dos projetos. Nada pode ser considerado como sério se não for parte de um projeto aprovado pelo alto nível estratégico das empresas. Nunca conheci um gestor de projetos que fosse pouco sério ou pouco comprometido. Eu mesmo, em meu papel de definidor de projetos ou de *stakeholder*, sempre encarei seriamente cada um deles.

Sou adepto da teoria de que a própria vida é um grande projeto e que a empresa é um dos mais importantes subprojetos. Como ambos são desenvolvidos infinitamente, mesmo que correndo o risco de um final inesperado, os resultados sempre são ou serão parciais. A melhor métrica, portanto, é a sua própria certeza de que todas as melhores metodologias foram aplicadas até o limite.

## 3.3 O GESTOR E O MAESTRO

CATIA DA SILVA FERREIRA

O papel do gestor de projetos é como o de um maestro de uma orquestra. Ambos partem do objetivo de ter uma obra realizada, definem a melhor estratégia para tal e selecionam o meio tático para a execução, a fim de realizar a obra com excelência. O maestro deve gerir a equipe de profissionais da música que possuem diferentes níveis de conhecimento, com diferentes experiências profissionais e pessoais, a fim de executar uma mesma obra com a excelência da sincronia, da qualidade da execução dos instrumentos dentro da composição da música. O gestor de projetos também deve ter uma visão que vai além do conhecimento técnico envolvido no projeto em questão, pois ele é quem garantirá a sincronia da equipe multifuncional de profissionais para que o projeto atinja o prazo e as metas de qualidade e custo com excelência.

Cada profissional é dotado de um conhecimento específico, o que o torna capaz de imprimir seu valor na execução de um projeto. Cabe ao gestor do projeto, com sua visão holística, ser capaz de facilmente identificar se o conhecimento de cada profissional está sendo utilizado da melhor maneira em prol do projeto. É usual e recomendável que os gestores se guiem por indicadores de desempenho, tais como custo, qualidade e prazos, ao longo da execução do projeto e, assim, consigam medir a evolução gradativa a fim de atender as metas finais do mesmo. Mais importante do que olhar para a evolução desses indicadores ao longo do

**Catia da Silva Ferreira**

É engenheira mecânica formada pela Unesp (Universidade Estadual Paulista) de Guaratinguetá, também mestre em engenharia automotiva pela Politécnica da USP (Universidade de São Paulo) e engenheira de produtos da General Motors do Brasil. Possui mais de 10 anos de experiência no setor automotivo, onde já atuou no desenvolvimento técnico e da qualidade de fornecedores da ferramentaria, no desenvolvimento e implementação de processos globais e na coordenação de novos projetos na engenharia de produtos. Profissional com 34 anos de idade e com pós-graduação em andamento em Gestão de Negócios pelo Senac.

desenvolvimento, é ser capaz de traduzir o que os números indicam e tomar ações junto à equipe de execução sempre que os indicadores não se mostrem favoráveis ao objetivo final. A capacidade do gestor de compreender e atuar no desempenho de cada membro de sua equipe ao longo de todo o projeto será fundamental para o sucesso do mesmo. Essa atuação deve ocorrer inicialmente no âmbito coletivo, de forma a compreender os motivos pelos quais o desempenho da equipe possa estar desviando do esperado. Posteriormente, deve envolver o âmbito individual, que pode requerer ações como um remanejamento de pessoas entre as funções de execução que fazem parte do projeto.

Além da gestão de pessoas, o gerente de projetos deve estar constantemente atento às intempéries políticas, econômicas e ao comportamento dos competidores, pois um objetivo definido como ótimo para determinado projeto, hoje, pode não ser mais tão bom quando da data de conclusão do mesmo. Essa afirmação pode parecer contraditória ou mesmo paradoxal porque, uma vez definidos os objetivos, as atenções do gestor e de sua equipe tendem a se voltar exclusivamente para a execução e o atendimento dos mesmos. Mas o mercado, a concorrência e os produtos e serviços vivem uma constante evolução, e é preciso estar atento a essas mudanças, que podem requerer uma adaptação para que o desempenho almejado seja realmente alcançado. Principalmente no Brasil, onde a economia ainda não possui a estabilidade dos mercados maduros, como uma política cambial sensível e sujeita a frequentes alterações, assim como a política, também oscilante, e os competidores que trazem inovações nos diversos ramos de produtos e serviços, tornando a concorrência cada vez mais acirrada por se tratar de um mercado em crescimento e, portanto, emergente e atrativo para novos negócios. Acompanhar tais comportamentos de mercado, no Brasil e nos demais países, e entender o impacto que cada uma dessas mudanças pode gerar no negócio garantirão ao gestor uma visão mais precisa do projeto e da necessidade de remanejamentos para o sucesso do mesmo.

Por fim, além da gestão de pessoas e do entendimento da influência do ambiente econômico, político e da concorrência, tal como o maestro visa à harmonia entre os metais, as cordas e a percussão, o gestor deve estar sempre atento à sinergia entre a estratégia adotada e a prática da execução do projeto. A estratégia deve ser definida antes do início da execução e claramente comunicada, para que todos os envolvidos tenham conhecimento pleno dos objetivos do projeto. A tática de execução escolhida garantirá que todos os membros da equipe caminhem pela mesma trilha rumo ao objetivo comum. A equipe voltará suas atenções para a tática, mas o gestor deverá dividir suas atenções entre estratégia, tática e resultados, assim como o maestro observa e constantemente alinha sua orquestra para a execução de uma obra de sucesso.

**FIGURA 3.3** O gestor e o maestro.

## 3.4 FASES DE DESENVOLVIMENTO DE PROJETOS EM TI

ERIC ROSIELLO ZENKER

Um desafio de muitos profissionais atualmente é responder com competências às demandas do gerenciamento de um projeto. Minha experiência mostrou algumas fases essenciais no desenvolvimento de projetos de TI e de outras naturezas.

### 1. Planejamento

Para fazer o planejamento de seus projetos, selecione os principais *sponsors*, principais responsáveis pelas áreas de negócio de sua empresa, e combine reuniões periódicas durante o ano para mostrar os resultados obtidos e alcançados dos projetos concluídos no período anterior e fazer um levantamento de requisitos para os projetos do próximo período.

### 2. Análise de viabilidade e riscos

Através dos conhecimentos dos analistas de negócios ou de pessoas responsáveis pelos processos da empresa, faça um estudo detalhado de viabilidade com os projetos sugeridos pelos *sponsors* no período de planejamento. Da mesma forma, faça um levantamento dos riscos e impactos da realização ou não do projeto. Esse estudo é muito importante para evitar que o projeto seja interrompido no período de desenvolvimento.

### 3. Documentação funcional

Nesse momento, é necessário desenvolver documentos funcionais feitos a quatro mãos entre as áreas e os analistas de negócios, que identificam, em

**Eric Rosiello Zenker**

É formado em ciência da computação pela PUC-SP. Viveu no Canadá, onde aperfeiçoou a língua inglesa. Atua há 10 anos em TI. Trabalha como analista de negócios e gerente de projetos em TI em empresa multinacional de transporte marítimo.

detalhes e de forma mais "micro", as demandas e itens que devem ser desenvolvidos para os projetos, tais como descrição de telas, regras e funcionalidades.

### 4. Análise de custos, cronograma e prazos

Com base nos documentos funcionais, faça um cálculo de quantos recursos (*person's days*) serão necessários para o desenvolvimento do projeto. Com isso, faça um cronograma e estipule prazos para o desenvolvimento e a conclusão de cada item do projeto. Essas datas devem ser apresentadas para os *sponsors* das áreas de negócios como um comprometimento ou contrato da área de desenvolvimento. Existem diversas ferramentas pagas ou gratuitas que podem ajudar o gerente de projetos com a coordenação ea administração do cronograma e recursos dos projetos em realização.

### 5. Desenvolvimento

Utilize metodologias de gerenciamento e de desenvolvimento de softwares disponíveis no mercado para a construção dos itens acordados no documento funcional.

### 6. Documentação e guia de usuário

Em TI, é de extrema importância a criação de documentações e guias de usuários dos projetos/sistema. Isso garante o plano de continuidade e facilita o suporte nos sistemas desenvolvidos.

### 7. Comunicação

Para todas as etapas citadas, a comunicação é um item fundamental que vai definir o sucesso ou fracasso do projeto. A comunicação deve ser feita de forma clara e objetiva para que o receptor receba 100% do que o locutor está querendo dizer. Em outras palavras, dedique-se a entender exatamente o que o seu cliente quer. Segundo pesquisas recentes, mais de 90% dos problemas em projetos ocorrem por falta ou falha na comunicação.

É importante que essas dimensões sejam consideradas sistemicamente e não de forma linear.

## 3.5 *FIRST SOCKS, AFTER SHOES*

FERNANDO CESAR CARDOSO

Considerando uma visão mais sistêmica, a mesma organização pode ser vista por diferentes perspectivas, e inconclusivas são as variantes e variáveis que se poderão encontrar nela.

A necessidade de qualquer empresa buscar incansavelmente rentabilidade e consequente lucratividade talvez seja um dos poucos pontos em que podemos encontrar unanimidade absoluta. Desconsiderando-se situações de produtos com lucro exorbitante e espoliante, lucro é bom e necessário. Ponto.

As grandes empresas sofrem, as pequenas empresas penam quando o assunto é crescer acima do mercado em que atuam, ganhar *market share* (participação de mercado), garantir um *pipeline* (linha de novos produtos que serão lançados) com inovação e se manter rentáveis. Parece quase impossível considerar a coexistência desses diferentes fatores sob o mesmo portfólio de produtos ou serviços.

Sem uma visão de longo prazo, as empresas parecem comportar-se como um assalariado que debruça os olhos todo final de mês no contracheque e imagina que, em um golpe de sorte, a última linha dos rendimentos será acrescida de um zero adicional.

Pensar por uma perspectiva de longo prazo talvez seja o "toque de Midas" (tudo o que toca vira ouro) para as empresas manterem-se saudáveis, quero dizer, lucrativas. Não raro, quando a visão é imediatista e limitada por uma perspectiva de tempo de curto prazo, a "operação" acaba comendo a "estratégia" no café da manhã.

**Fernando Cesar Cardoso**

Economista formado pela Faculdade de Ciências Econômicas e Administração de Empresas D. Pedro II e pós-graduado em MBA de gestão empresarial com ênfase em recursos humanos pela Business School São Paulo. Executivo de recursos humanos do segmento farmacêutico, com aprimoramentos profissionais realizados na França e nos Estados Unidos. É professor convidado em pós-graduação e MBA para as disciplinas de Gestão de Pessoas nas Organizações de Saúde, Gestão do Fator Humano, Planejamento de Recursos Humanos e Processos e Gestão de Pessoas.

Em uma visão multifocal, do ponto de vista de negócios, precisamos manter um olho no presente e um olho no futuro, como alguém que olha a estrada sem se descuidar do horizonte.

As empresas que pensam no futuro, construindo projetos em diferentes contextos e dimensões, talvez sejam capazes de dar o tão esperado "*leapfrog*" (pulo do sapo) sobre os seus concorrentes ou sobre si mesmas quando o grande desafio é fazer melhor aquilo que já fazem bem.

Considerando a área de recursos humanos como responsável propulsora do desenvolvimento de habilidades críticas para o negócio, a competência de "gerenciamento de projetos" talvez seja o novo "canivete suíço" tão necessário para os profissionais dos dias de hoje.

Se construirmos uma grade de competências transversais de "A" a "Z", certamente os profissionais que dominam a capacidade de desenhar, estratificar e implantar projetos valem mais porque são raros, porque são únicos e simplesmente porque são necessários.

A capacidade de fazer "gerenciamento de projetos" é simplesmente a antítese que consegue conjugar de forma sincronizada na mesma pessoa ou equipe as competências de um "especialista" (que sabe muito de pouco) e de "generalista" (que sabe pouco de muito).

Pensar pelo *mindset* (mentalidade) de projetos, é organizar uma visão de futuro que permite estabelecer uma sequência lógica: *first socks, after shoes* (primeiro as meias, depois os sapatos).

Se olharmos na direção do hemisfério sul e encontrarmos a metamorfose que vem ocorrendo nas empresas no Brasil, trabalhar por projetos talvez diminua a distância que existe entre nossa abundante criatividade e nossa insuficiente capacidade de planejar de forma estruturada um futuro empresarial próspero de longo prazo.

Dessa forma, as empresas do século XXI estão abandonando um modelo de "tarefas individuais" e adotando o *teamwork* (trabalho em equipe), e o mantra de "gestão de projetos" em uma equipe passa ser uma receita para uma dieta diária de pensar que "o futuro é algo que nós mesmos decidimos construir", portanto é uma escolha.

Se o mundo fosse feito em sete dias, certamente precisaria alguém por lá que entendesse de projetos, senão ele ficaria inacabado e estouraria o orçamento.

## 3.6 A TECNOLOGIA AGREGANDO VALOR À INFORMAÇÃO NO AMBIENTE CORPORATIVO

FLÁVIO PATEZ

Hoje em dia, vivemos em um mundo muito dinâmico, onde decisões importantes são tomadas a todo momento. Muitos profissionais são expostos à tomada de decisões que requerem grande capacidade analítica, gerando assim muita responsabilidade.

Tendo em vista esse cenário, é cada vez mais comum que os profissionais busquem soluções tecnológicas que possam apoiá-los nesse importante processo de tomada de decisões.

A tecnologia atual nos proporciona diversas ferramentas e/ou metodologias que podem auxiliar nesse processo, bastando que seja aplicada a solução adequada em cada caso específico.

Uma metodologia atualmente muito utilizada é o *Business Intelligence* ou BI. Essa metodologia objetiva auxiliar os gestores por meio do tratamento das bases de dados existentes, de maneira a aprimorar o processo de tomada de decisões, ou seja, apresentar as informações da melhor maneira possível para facilitar o processo de tomada de decisões.

Muitas empresas utilizam sistemas de BI para melhor planejamento, bem como auxílio na tomada de decisões, tendo em vista que a sua não utilização pode acarretar prejuízos diversos e menor eficiência frente a seus concorrentes.

Podemos considerar que existem duas formas de informação, são elas: dados e a informação propriamente dita.

**Flávio Patez**

Analista de Tecnologia da Informação. Graduado em Sistemas de Informação e pós-graduado em Gestão de Negócios. Atua desde 1996 no setor automobilístico brasileiro. Estudo temas sobre liderança, empreendedorismo, *Business Intelligence* e relacionamento no ambiente corporativo.

Como exemplo podemos citar:

- Dados: Foram vendidos 1.000 veículos.
- Informação: para quem foram vendidos esses 1.000 veículos? Qual o modelo mais vendido? Qual o valor de cada um deles? Qual a cor mais vendida? Qual o perfil dos consumidores? etc.

Com esse conjunto de dados, podemos ter informações mais detalhadas que possibilitarão melhor análise da empresa, mercado consumidor, aceitação do produto, ambiente, entre outros, aumentando assim a capacidade assertiva nas tomadas de decisões.

A metodologia do *Business Intelligence* nos auxilia nesse processo de transformação dos dados em informações, agregando valor às informações. Essas informações geralmente são apresentadas como relatórios, gráficos e/ou apresentações.

Portanto, podemos concluir que a metodologia *Business Intelligence* é muito importante e amplamente utilizada por grande parte das empresas, pois seus benefícios estão diretamente ligados à eficiência do negócio.

## 3.7 POR QUE SE REALIZA USUALMENTE UMA PESQUISA EM QUALQUER SETOR DE ATIVIDADE?

HORÁCIO AUGUSTO FIGUEIRA

Em geral, por duas razões:

Uma é para confirmar o que supostamente já se sabe ou pensa-se conhecido, com o objetivo de melhorar a percepção sobre o fenômeno estudado, com a medição quantitativa ou qualitativa, procurando-se diminuir a margem de incerteza, ou seja, a margem de erro da realidade mensurada, incluindo-se aí também as pesquisas rotineiras de avaliação de produtos, serviços e imagem, que têm o objetivo de ser um termômetro, para acompanhar a evolução do desempenho de um setor ou de partes dele.

A outra razão é para descobrir algo novo, onde a pesquisa tem a função nobre de investigar e aprofundar as questões sobre itens até então desconhecidos ou que nunca foram ou há muito tempo não são avaliados e que precisam ser descobertas, para definir estratégias e novos rumos para as tomadas de decisão de empreendedores.

Em uma pesquisa de opinião ou de mercado usual, com a aplicação de metodologia quantitativa ou qualitativa, os dois tipos de razões acabam em geral por compor o formulário ou itens de abordagem e/ou de entrevista, como roteiro básico das chamadas discussões de grupo, acompanhadas por profissionais especializados.

**Horácio Augusto Figueira**

Engenheiro civil e mestre em engenharia de transportes pela Escola Politécnica da USP. Sócio, diretor e consultor independente da Hora H Pesquisa Engenharia & Marketing Ltda. (São Paulo). 222 estudos realizados envolvendo várias etapas de pesquisas e consultorias. Vice-presidente da Abraspe (Associação Brasileira de Pedestres), consultor de pesquisa da Abramet (Associação Brasileira de Medicina de Tráfego), membro do Cedatt (Conselho Estadual para a Diminuição de Acidentes de Trânsito e Transporte).

**Usualmente a pergunta mais comum é:**

**Você conhece o seu "cliente"?**

- **Quem é o seu "cliente"?**
  - **O "cliente" é seu mesmo?**
  - Quem vem? (perfil e hábitos)
  - De onde vem (área de influência)?
  - Como vem?
  - Por que vem?
  - Como vê o seu estabelecimento?
  - Como avalia a qualidade e os preços dos seus produtos?
  - Quais são os seus concorrentes?

**Costumo colocar uma pergunta muito parecida e instigante:**

**Você conhece o seu "não cliente"?**

**Por quê?**

- Quando estiver pensando em abrir um novo estabelecimento.
- Em um estudo de mercado, antes da decisão da abertura de novo ponto comercial.
- **Quando já tem um estabelecimento**
  - Quem é o seu "não cliente"?

Outra questão fundamental hoje é a da acessibilidade do cliente, para o sucesso de um negócio de varejo, quando presencial. Quando o empreendimento tem fácil acesso a pé ou por transporte coletivo público, a atratividade melhora. Caso esse cliente deseje ir de automóvel, a questão torna-se crítica, pois a área exigida para cada vaga multiplica a área física necessária para o empreendimento ou a necessidade de convênios com estacionamentos privados localizados nas proximidades, já que não há mais espaço no sistema viário para o uso de vagas públicas, gratuitas ou não.

Isso gera algumas outras perguntas mais instigantes ainda, no caso do varejo:

**Quem vai estacionar primeiro?**

**O automóvel do seu cliente ou o seu faturamento?**

**Quantas vagas você precisará para atender nos horários de pico?**

**Quanto custa, por ano, cada vaga não disponível?**

**(Faturamento bruto perdido)**

Em síntese, não importa se seu negócio privado ou público tem ou pretende ter **100, 1.000, 10.000, 100.000 ou um milhão de clientes/dia**, a pesquisa realizada com critérios técnicos, metodologias adequadas de coleta e com uma amostragem representativa sempre vai agregar valor à sua gestão e permitir a melhoria da qualidade do atendimento ao **"seu cliente", antes que ele não seja mais seu.**

Existe uma infinidade de setores, além das áreas científicas, industriais e acadêmicas, onde pode ser aplicado algum tipo de pesquisa.

- **Estudos e pesquisas de opinião e de mercado**
  - Estudos de mercado e de demanda potencial, social, de opinião pública (entrevistas pessoais, domiciliares, pontos de fluxo, industrial e de gabinete, aplicadas a indivíduos e/ou organizações, associações empresariais).
- **Engenharia de tráfego e de transportes**
  - Áreas de transporte coletivo, tráfego urbano e rodoviário, logística e movimentação em centros de distribuição, comportamento no trânsito visando à redução de acidentes, pesquisas de origem/destino.

Na minha vivência profissional de 37 anos, pude experimentar a aplicação prática de pesquisas em muitos setores, privados e públicos, com a agregação real de valor, mudanças, quebras de paradigmas, implementações de estratégias inovadoras e, principalmente, a conquista de resultados em termos de melhoria de imagem e financeiros, em muitos setores de atividades, como, por exemplo: alimentação, panificadoras e doceiras, clubes, construtora, drogarias e farmácias, empresas de engenharia, escolas privadas, estacionamentos, indústria de congelados, órgãos rodoviários, óticas, postos de serviços, transportes coletivos, transporte de carga, associações empresariais, sindicatos patronais, administradores de condomínios e outros.

## 3.8 VIDA, COMPETÊNCIAS E PROJETOS

IGOR ROSIELLO ZENKER

Eu tinha 12 anos quando ganhei minha primeira medalha de ouro em uma olimpíada de matemática. A partir daquele momento, ficou claro para mim que o domínio das ciências exatas seria um objetivo na minha vida. Durante os anos que se sucederam, participei de diversas outras olimpíadas de diversas áreas, como astronomia e astronáutica, física, informática e matemática, de níveis estadual e nacional. Aos 17 anos, me foi concedida uma bolsa de estudos para um curso de verão na Universidade de Harvard, nos Estados Unidos. Um dos cursos que fiz lá, Introdução à Astrofísica, despertou meu interesse pelo assunto e me levou ao projeto de iniciação científica com o qual estou atualmente envolvido. Nele, procura-se determinar a chamada função de correlação de galáxias, para entender melhor a distribuição de matéria no universo e permitir melhor compreensão das razões pelas quais o mesmo se encontra em um estado de expansão acelerada. Tudo isso gira em torno de um dos maiores mistérios da cosmologia: a energia escura.

Deixando de lado a física do problema, pode-se perceber em minha iniciação científica diversas características comuns aos projetos em geral: há um orientador que supervisiona e auxilia meu trabalho; tenho que lidar e ser compatível com os prazos preestabelecidos; ao final, deverei entregar um relatório com os resultados obtidos em meu trabalho, de acordo com os

**Igor Rosiello Zenker**

É atualmente aluno de graduação do curso de ciências moleculares da Universidade de São Paulo (USP) e ex-aluno da Escola Politécnica da mesma universidade. Foi campeão de 17 olimpíadas estaduais e nacionais de matemática, física, informática, astronomia e astronáutica. Fez dois cursos de verão na Universidade de Harvard em 2010, Introdução à Astrofísica e Introdução às Demonstrações Matemáticas e Estruturas Matemáticas. Atualmente encontra-se envolvido em um projeto de iniciação científica na área de cosmologia, pelo qual busca estimar a função de correlação de galáxias em simulações de N corpos. Tem interesses em física, matemática e computação, e também em divulgação científica e ensino de ciências exatas. Fora do meio acadêmico, fez aulas regulares de teatro por oito anos.

objetivos inicialmente formulados. Além dessas características, meu trabalho é apenas um dentre vários que pretendem alcançar o mesmo objetivo, porém através de caminhos diferentes.

Dadas as características de projeto encontradas em meu trabalho, gostaria de citar três competências que considero essenciais para o desenvolvimento do mesmo. A primeira, e mais importante, trata da sensação de bem-estar experimentada durante a realização do projeto. É extremamente importante gostar daquilo que se faz. O trabalho deve proporcionar uma sensação de prazer que promova seu desenvolvimento. Na área científica, a curiosidade é a chave. Deve haver curiosidade e interesse em resolver o problema, encontrar soluções, entender como e por que as coisas são como são (ou como poderiam ser!).

A segunda competência trata de ir além. Às vezes, é necessário mais do que o essencial, o básico. Durante as olimpíadas científicas, sempre me foi necessário estudar matérias além daquelas que estavam sendo ensinadas. Isso é muito plausível, visto que o objetivo era justamente ir além: ganhar a olimpíada, e não apenas passar no vestibular. Quando os objetivos vão além, o esforço e a dedicação devem fazer o mesmo.

A terceira competência é o treino. É importante estar habituado com aquilo que se vai fazer, saber do que se trata, saber lidar com as informações, e isso exige treino. Em conjunto com o esforço e a dedicação, o treino o torna capaz e, em conjunto com o gostar, o torna a pessoal ideal para a realização do projeto.

Dos 12 aos 17 anos, preparei-me bastante para as olimpíadas científicas, e meu esforço e dedicação, além do treino, ficaram evidentes em cada vitória. O curso em Harvard fez despertar o meu interesse, o meu gostar. O projeto que estou desenvolvendo atualmente teve como preliminares as olimpíadas e o curso, e nele aplico as habilidades e competências que desenvolvi nos mesmos.

## 3.9 O DESAFIO DA MOBILIDADE

LUIZ CARLOS MELLO

No campo em que se procura definir os avanços do homem na busca de sua liberdade de deslocamento, do seu controle sobre seu próprio destino de ir e vir, o automóvel pontifica como o único a propiciar essa condição. Nada se lhe compara: desde a manobrabilidade e a velocidade compatíveis com o sentido de porta a porta que configura a saída e a chegada dos pontos que demarcam o deslocamento até a percepção de liberdade individual, que transfere ao condutor e até mesmo, em certo sentido, aos passageiros a sensação do domínio do entorno.

Paradoxalmente, a indústria que o concebe e desenvolve as condições de uso sob o ponto de vista da operacionalidade para usufruto de qualquer pessoa minimamente capacitada sofre, desde sempre, do mal da imobilidade frente aos desafios que ainda se colocam diante da limitada, seletiva e até mesmo, pode-se dizer, preconceituosa dificuldade de acesso que separa o produto "automóvel" de nada menos do que 90% da população mundial. Tudo isso, contrariamente ao que propunham Henry Ford, ao procurar viabilizar, como muito mais do que mero simbolismo, o acesso a seu modelo T por cada operário de suas fábricas, e Alfred Sloan, ao imaginar – e empenhar-se por inteiro – em que a General Motors produzisse um carro para cada gosto e cada tamanho de bolso dos clientes da marca.

Ao fim do primeiro século de intromissão na vida de cada representante do gênero humano, o automóvel, em vez de ser principalmente um bem durável na linha de socialização que imaginaram Ford e Sloan, tem contribuído para a formação de gerações de gestores que se deixam introjetar

**Luiz Carlos Mello**

É advogado, pós-graduado pela Harvard Business School, diretor e cofundador do CEA (Centro de Estudos Automotivos), ex-presidente da Ford Brasil; membro vitalício dos conselhos da Fundação Educacional Inaciana e do Liceu Pasteur, ex-diretor executivo da Abeiva (Associação Brasileira de Importadores de Veículos Automotores), colaborador da revista *AutoData* (coluna "Entrementes") e de jornais de grande circulação, com artigos sobre a atividade automotiva.

de um sentimento próprio – se se pode meramente teorizar – de pequenos deuses, capazes, pela força da individualidade e visão superiores, determinar caminhos a trilhar e definir gostos e tendências por si próprios. Daí, não poucas vezes, produtos e marcas se embaralham em movimentos confusos e dispersos, cuja consequência são vícios de qualidade (*recalls* incessantes) ou baixa empatia com um mercado cada vez mais ansioso porque preparado para um ambiente de novidades preferencialmente ao de inovação consistente.

Por cuidar da mobilidade e dela viver, seria razoável supor que a indústria automobilística mais se dedicasse a superar certa burocracia paralisante – a que grandemente contribuiu para a falência de uma das mais tradicionais, maiores e emblemáticas representantes da raça, há bem pouco tempo... – e se impusesse a harmonizar suas enormes potencialidades na direção do que seus pioneiros vislumbraram.

Um caminho inteligente e responsavelmente a cogitar-se seria o de dotar sua gestão de uma característica de responsabilidade horizontal, menos imperial e mais compartida. A partir da base e com ela contaminando positivamente a hierarquia superior.

## 3.10 ELABORAÇÃO DE PROJETOS POLÍTICOS PEDAGÓGICOS. AS COMPETÊNCIAS EXIGIDAS DO CONSULTOR DO PROJETO. UMA CONTRIBUIÇÃO

MÁRCIA ROSIELLO ZENKER

Toda escola está embasada em um Projeto Político Pedagógico (PPP), construído pelos seus integrantes. Esse projeto pode ser compreendido como uma antecipação do futuro, como um conjunto de princípios, diretrizes e propostas de ação que é ressignificado pela comunidade escolar para nortear a instituicão como um todo. Sua dimensão político-pedagógica pressupõe a elaboração participativa dessa comunidade, que relata experiências, narra histórias, conta casos, atualiza e reafirma valores, expõe sonhos e ideais, expressa saberes.

A instituição toda entra em movimento. Lança a semente germinadora de novos frutos. Essa semente não é uma semente qualquer. Ela já traz em si uma árvore singular que crescerá à luz de suas potencialidades e as transformará em ações socioeducativas cotidianas. Nesse sentido, o PPP é uma práxis, isto é, uma ação transformadora, de capital importância para a escola. É feito a muitas mãos: direção, equipe pedagógica, professores, alunos, pais, colaboradores da área administrativo-financeira, de serviços gerais. Exige um pensar reflexivo sobre aspectos considerados complexos cujo foco diz respeito à educação do aluno: algo intangível, diferente da construção de um edifício. Esses aspectos dizem respeito às dimensões filosóficas e epistemológicas da educação, assim como às pedagógico-educacionais. Isso implica escolhas que deverão embasar diretamente as ações de todos os envolvidos com a formação dos alunos, especialmente as do professor

**Márcia Rosiello Zenker**

É psicóloga pela USP de Ribeirão Preto, com formação em psicologia educacional, psicodrama socioeducativo, mediação de conflito, dinâmica de grupo e educação. Professora universitária e consultora educacional, especialmente em formação continuada de educadores e em elaboração de Projetos Políticos Pedagógicos. Presta serviços de atendimento individual e de grupo para apoiar processos de crescimento. É sócia da Zenker Tecnologia da Evolução.

em sala de aula. Então, a construção da missão e visão da escola, a escolha dos valores que a sustentam, sua visão de sociedade, cultura, ser humano, educação, seus conceitos de aprendizagem, conhecimento, desenvolvimento humano fazem parte dos conteúdos de um PPP. Além da explicitação da proposta pedagógica e metodológica, do aluno que se quer constituir, do professor, direção e coordenação que se deseja, da relação com as famílias. E também de escolhas do currículo com suas áreas de conhecimento e formas de avaliação escolar.

A articulação das informações advindas das reflexões, discussões e pesquisas com a comunidade escolar alia-se à fundamentação teórica emergente de diálogos educacionais realizados em encontros semanais com uma comissão responsável pela construção do PPP (direção da escola e equipe pedagógica), coordenados pelo consultor do projeto, transformando-se em documento escrito. Esse é o produto concreto do projeto, que dura, em média, seis meses a um ano. A partir daí, a escola se compromete a ter o PPP como principal referencial de suas ações educativas. Está pronta a sua identidade. Há a apresentação e a distribuição do PPP documentado, e as escolhas das principais ações que deverão ser tomadas para fazer acontecer na prática o que foi concebido no projeto.

Ao longo da minha experiência em educação e, especialmente em consultoria/coordenação da elaboração de PPP, percebi que habilidade técnica não é suficiente para sustentar pessoas que se deseja comprometidas com o trabalho. Aliás, em contexto escolar, o consultor do projeto pode se deparar com educadores muito competentes e com vasta experiência profissional. Assim, um aspecto que considero fundamental ao consultor é desenvolver a competência de articular saberes, aproveitando realmente o know-how dos envolvidos em prol das metas que quer atingir. Esse aproveitamento se revela no documento escrito quando, ao lerem o PPP, identificam-se como coautores daquela escrita. No caso específico desse tipo de projeto, em que se gera um documento, a comunicação escrita tem de ser clara, científica na definição dos conceitos e, ao mesmo tempo, compreensível para vários leitores (pais, alunos, professores etc.). O desenvolvimento, então, da competência da expressão escrita se faz necessária, além da persistência em rever o texto até se convencer da sua comunicabilidade.

Além disso, o consultor do projeto trabalha o tempo todo com diferentes grupos, que se apresentam com diferentes demandas, que podem ser resistentes à participação do trabalho, que podem estar desmotivados e descrentes. Saber lidar com as pessoas e mantê-las em grau elevado de envolvimento até o final da elaboração do projeto requer conhecimento da vida em grupos profissionais e, essencialmente, disponibilidade interna para mediar conflitos, minimizando a possibilidade de entraves no percurso do trabalho. Cada um desses grupos deseja ser ouvido, respeitado e incluído no projeto, por mais que aparentemente revele resistência. Para muito além da competência técnica, mais uma vez vejo necessária a competência de saber ouvir, de sair das amarras do estritamente racional e linear.

Cabe salientar que, na escola, há períodos em que todos os profissionais ficam mais atarefados, como, por exemplo, na época de avaliações ou de eventos extracurriculares. A construção de um PPP é um trabalho adicional dentro da rotina escolar. O tempo, então, nesses períodos, vira o argumento principal para que a elaboração do projeto não siga seu caminho. Uma outra competência exigida do consultor é a da negociação por novos arranjos temporais, usando da criatividade dos envolvidos para resolver esse problema, sem colocar em risco o andamento do projeto nem tampouco o processo educacional do dia a dia escolar.

A elaboração de um PPP que quer contar com a participação da escola toda embasa-se na busca e no exercício da democracia. Vejo, então, que uma outra competência do consultor é desenvolver a atitude que leve em conta os anseios daquela comunidade, despindo-se de autoritarismo e enfrentando críticas sem defesas egoicas ou com vistas ao poder.

Gostaria de sinalizar que o desenvolvimento de competências, no meu caso, se concretiza na medida em que cada vivência com a elaboração de projetos me leva à reflexão sobre minha própria prática. Nesse momento, descubro recursos inusitados que posso usar para os próximos trabalhos.

## 3.11 GERENCIAR A PARTE TÉCNICA É A MAIS FÁCIL

Mário Sasdelli Filho

### 1. Concepção de um empreendimento

O projeto conceitual de um empreendimento nasce a partir da abundância e da matéria-prima existente em um local ou da necessidade de um produto pela sociedade. Nessa fase, os especialistas e técnicos trabalham no sentido de desenvolver um processo produtivo que atenda às necessidades da sociedade e do mercado. Esses processos produtivos são aperfeiçoados a cada novo empreendimento com o objetivo de diminuição do consumo de energia, aumento da capacidade produtiva, diminuição do tempo de produção, maior aproveitamento da matéria-prima, geração de melhor qualidade de vida aos consumidores, aumento do lucro do produtor e muitos outros fatores que nem sempre estão ocorrendo conjuntamente.

Esse projeto conceitual passa por diversas fases de análises e estudos antes de partir realmente para a execução do mesmo. Essa fase é o estudo de viabilidade, os chamados *Fort-End Loading* (FEL 1 – análise do negócio, FEL 2 – seleção da alternativa e FEL 3 – planejamento da construção e operação), em que são analisados todos os fatores que vão influenciar na implantação e execução do empreendimento.

Parte da definição da estratégia para a competitividade com base na gradual e adequada definição do projeto, pela integração em todas as disciplinas e comprometimento de todos os *stakeholders* e *sponsors*, antes da apreciação pela diretoria executiva/conselho de administração para autorização do investimento.

**Mario Sasdelli Filho**

É engenheiro civil pela Faculdade de Engenharia de Barretos. Trabalha há 35 anos na área de planejamento e implantação de empreendimentos, desde a sua concepção até a partida, em todas as áreas de atuação, principalmente óleo e gás, petroquímica, química, mineração e infraestrutura. Participou da reforma do alto-forno nº 3 da CSN, da ampliação da Refinaria de Alumina da Alcoa, da implantação de trecho do Gasoduto Brasil/Bolívia, da implantação do Complexo Petroquímico Comperj da Petrobras. Atualmente é coordenador de planejamento da WorleyParsons.

## 2. Os fatores determinantes do empreendimento

Com a aprovação do investimento, a definição dos parceiros, o atendimento de requisitos legais surgidos com a promulgação de leis, decretos ou outros instrumentos de legislação e outros fatores diversos, e a partir da tomada de decisão de realizá-lo, a área de engenharia deixa de ser somente uma ciência exata para ser também uma tarefa para gestores das áreas de administração e finanças, ciências humanas e sociais, e comunicação.

Face ao grande leque de interesses e acontecimentos como dos *stakeholders*, áreas de conhecimento envolvidas e fatores naturais, o empreendimento está refém dos mesmos.

Os *stakeholders* patrocinadores – investidores, clientes, diretores, gerência e supervisores – podem em qualquer fase de execução do projeto (projeto detalhado, construção, montagem e partida) mudar o curso do mesmo, em função do interesse. Alguns desses fatores podem ser:

- Mudanças no produto final e também a não urgência de colocação do mesmo no mercado pela queda de preço devido ao aumento da oferta ou importação.
- Antecipação da execução de certas áreas para aproveitamento da oferta de produtos, insumos e equipamentos.
- Interesse em aplicação dos recursos financiados em outros investimentos e negócios mais atrativos.
- Mudança de políticas governamentais com consequências de até interrupção do empreendimento.
- Os *stakeholders* participantes – gerente, equipe do projeto, agências reguladoras, fornecedores, empreiteiros, especialistas – também podem interferir na finalização do projeto:
- Constituição de equipes sem experiência específica de pessoal inadequado ou programas motivacionais inapropriados para determinado tipo de projeto.
- Não entendimento claro do escopo do projeto pela equipe de execução por falta de clareza, objetividade por parte dos clientes nos contratos.
- Compra de equipamentos e materiais com preços baixos e prazo de entrega curto para atender as demandas de como o projeto foi vendido.

- Contratação de mão de obra desqualificada e com baixas condições de trabalho e acomodações para aumento da margem.
- Execução do empreendimento em caráter de urgência, com datas de entrega apertadas apenas para atendimento de anseios políticos e particulares.
- Os *stakeholders* externos - ambientalistas, líderes de grupos, comunidades, mídia, familiares dos integrantes do projeto - também podem interferir no bom andamento do empreendimento:
- Retirada de licenças ambientais inadequadas e sem as devidas compensações ambientais compatíveis com o local do empreendimento.
- Falta de esclarecimento às comunidades locais dos reais impactos causados pelo empreendimento.
- Grupos interessados em obter todo tipo de vantagens com a implantação do empreendimento.
- Todo empreendimento terá muita interferência, que ajuda e também atrapalha o seu desenvolvimento: interferências políticas, sociais, econômicas, particulares e até pessoais. Devemos, como participantes de um empreendimento, seja qual for o nível de *stakeholders*, avaliar o grau de envolvimento no mesmo para não sermos coautores de projetos sem nenhum benefício para a sociedade.

## 3.12 ATUAÇÃO DE UM GERENTE DE PROJETOS NA PRÁTICA

Raul Garzella Glingani

Considerando que um projeto deva ser executado com êxito, percebi na minha prática profissional que nossos conhecimentos e experiências em gerenciamento de projetos fazem a diferença. Constato também que a participação efetiva da presença do gestor na frente de trabalho é fundamental para que os objetivos sejam alcançados – a participação com a equipe nas atividades do dia a dia. A atuação efetiva de um gestor no canteiro de obras permite observar pontos negativos que devem ser corrigidos imediatamente. Outros positivos devem ser aperfeiçoados, reforçados para que prossiga a geração de valor ao negócio que está acontecendo ali na prática a cada momento. É bem sabido por muitos que planejamento, execução, monitoramento e controle devem se conjugados, e as soluções frente aos problemas devem ser adaptadas e efetivadas no mundo real, no convívio social, vivido ali naquele mundo, naquele momento em que nem tudo ocorre conforme o planejado.

Nas lições aprendidas na vida com projetos, considero que a maneira mais segura de se comunicar e interagir com pessoas e partes interessadas é através da presença do gestor nas atividades de trabalho, naquele lugar e momento, enfim no campo onde a realização de fato de dá. Nossos conhecimentos e experiências devem ser transmitidos de maneira clara, precisa e oportuna à equipe e em sintonia com todo o trabalho correlato que acontece no escritório.

Uma das competências que o gestor mais usa em situações de campo é a orientação, o *coaching*. Em caso de treinamento, principalmente nas

**Raul Garzella Glingani**

É nascido em Cravinhos (SP), vem atuando como gestor de contratos desde 2007 é pós-graduado em Gerenciamento de Projetos – Melhores Práticas PMI™ pelo Senac-SP (2012); cursou especialização em engenharia ambiental pela Unicamp (2003), é engenheiro civil pela Universidade Guarulhos (1999) e técnico em agrimensura e estradas pela ETE Vasco Antônio Venchiarutti, Jundiaí (SP, 1989).

situações de urgência que não são exceção mas a regra, a prática do acompanhamento se faz necessária. E o que podemos identificar com esse processo de acompanhamento? Estamos em melhores condições de identificar as habilidades das pessoas. Reconhecer quais são as pessoas mais habilitadas para tal serviço. Essa diversidade de situações pelas quais o ciclo do projeto acontece exige uma condução, uma liderança, que é em parte facilitada pelo fato de que essa relação com o mundo real permite observar. Ora olhamos para gente, ora para a tecnologia, ora para os recursos, processo e resultados, ora para os custos, prazos, riscos, qualidade e outros parâmetros importantes. Destacam-se aqui as evidências, os fatos, pelo fato desse contato direto com a realidade em transformação.

Retomando a relação com os funcionários, essa proximidade física/espacial/temporal em interação com os funcionários permite avaliar competências com mais evidência; com mais objetividade se descobrem formas de desenvolver os funcionários. O aperfeiçoamento das pessoas depende da supervisão que ocorre no ambiente de trabalho – *on the job training*.

Recentemente passei pela experiência de trabalhar em jornada de 24 horas com a restrição de que só havia contingente habilitado para um dos turnos. Solicitei a transferência de colaboradores de outros serviços e imediatamente os coloquei para atuar com a equipe habilitada. Foram designadas as funções de cada um, tiveram seus trabalhos explicados, acompanharam os já experientes e iniciaram na prática, sob os olhos e mãos de quem já praticava tais funções há algum tempo. Adaptações aconteciam durante esse processo com atuações imediatas e correções. Eu não podia ficar por tempo integral com as equipes, mas após o início efetivo desse segundo turno de trabalho participei o máximo possível com todos, colocando em prática as ações apresentadas nesse breve relato.

Para minha surpresa, o turno da noite, no qual havia funcionários novatos nas funções, começou a produzir mais do que a equipe do dia, que era composta pelos mais experientes. Esse fenômeno sinaliza o êxito, tanto dos aprendizes quanto dos já experientes que os treinaram.

Minha maior preocupação inicial era com a mão de obra. Agora já me sentia confortável. O inesperado aconteceu. Ocorreu uma pane mecânica em um ponto nevrálgico do equipamento (*shield*). Para ser reparada necessitava de um empenho ainda maior do que eu já observava até então nas equipes.

Uma pequena explicação técnica. A situação em que estávamos envolvidos era esta: um túnel executado pelo método *shield*, com tubos cravados, de diâmetro de 1.500 mm e 505 metros de extensão para saneamento básico.

Constatou-se que seria necessária a remoção dos motores danificados do interior do túnel, sendo que cada um dos dois motores pesa cerca de 300 kg. A equipe continuava a demonstrar empenho, mas mesmo assim dependíamos do trabalho de terceiros. Optou-se pela contratação não só de um fornecedor que oferecesse o menor prazo, mas também que permitisse o acompanhamento dos serviços. Ou seja, uma espécie de supervisão do tempo de trabalho empregado em nosso serviço. Precisávamos de dedicação exclusiva, pois nosso trabalho não permitia uma parada prolongada que pudesse acarretar um ônus que certamente extrapolaria os custos do projeto. Não aceitávamos incorrer no não cumprimento do cronograma, de atender ao cliente, enfim, não podíamos colocar em risco toda a vida do projeto. No fim, as coisas deram certo.

## 3.13 AS VOZES DAS RUAS E O GESTOR DE PROJETO

ROBERTO GALASSI AMARAL

Assistir a história ser construída na frente de seus olhos é algo que impressiona a qualquer um, e os sentimentos aflorados com o momento parecem igualmente surpreender. Se, em um dado momento, sentimo-nos capazes de realizar e nos julgamos conhecedores daquilo que nos cerca, em outro a dúvida, a angústia e as incertezas surgem como limitadores da ação que pretendemos realizar.

Os eventos de junho de 2013 nas ruas das cidades brasileiras produziram efeitos como há muito não se percebiam. As vozes que se levantaram com mãos empunhando cartazes circunscrevendo anseios e indignações constituíram um verdadeiro espaço autoral. Genuinamente cada indivíduo se percebeu coletivo pela interação com a voz do outro.

As pessoas indicam que não estão sendo ouvidas. As pessoas indicam ser possuidoras de anseios e insatisfações não ouvidas. As pessoas reforçam que canais de escuta qualitativamente superiores precisam existir. Esses sinais são marcos de um momento especial que traz recados importantes.

Enganam-se, entretanto, aqueles que sinalizam como alvo único lideranças políticas do país, sejam do judiciário, sejam do legislativo e executivo nas três esferas de atuação, municipal, estadual e federal.

A consciência histórica não está apenas em apontar e interpretar o contexto para uma parcela da sociedade brasileira, mas em compreender o

**Roberto Galassi Amaral**

É professor do Senac-SP nos cursos de especialização em projetos sociais e responsabilidade socioambiental empresarial. Doutor em serviço social (Unesp-Franca), mestre em administração (PUC/SP), especialista em administração de recursos humanos pela Universidade São Judas Tadeu e graduado em administração de empresas também pela Universidade São Judas Tadeu (1983), é professor convidado na Fundação Instituto de Administração (FIA/USP), FGV Management, Centro Universitário FEI e Fundação Educacional de Barretos. A experiência inclui cargos executivos, projetos de consultoria e docência nas áreas de sustentabilidade, responsabilidade social da empresa, gestão no terceiro setor, investimento social privado, voluntariado empresarial e gestão de pessoas.

espectro dos valores que são reafirmados e que merecem ser difundidos por todos.

Assim, pensando no papel do gestor de projetos e nas suas relações com as pessoas, quer pertencentes à equipe, quer listados como grupos de interesses (*stakeholders*), como estão os canais de escuta? Eles estão submetidos aos cronogramas racionais e pragmáticos que são produzidos ou estão incorporados no comportamento humanizado dos gestores que, "olho no olho", conseguem gerar valor nas relações com o outro?

Como estão os canais em que as pessoas conversam a respeito de seus anseios e insatisfações? Limitam-se àquelas frias e desgastadas reuniões de feedback que possuem pauta determinada pelas demandas do cronograma de projeto ou um verdadeiro ambiente acolhedor e humanizado é gerado, permitindo que cada indivíduo se perceba no coletivo pela via da conexão de objetivos comuns?

As ruas impõem aos gestores, todos, do público ao universo privado, mudança radical de compreensão a respeito das pessoas, de sua contribuição aos empreendimentos, de aceitação às estruturas hierárquicas rígidas, de sua contribuição para uma sociedade sustentável.

Aos que ainda acreditam que as pessoas são recursos a serem administrados, vale listar algumas perguntas para reflexão:

*Como as pessoas são percebidas no âmbito das ações que gerenciam?*

*Que mecanismos o gestor possui para identificar e compreender a singularidade das questões que as pessoas encaminham para serem solucionadas?*

*As pessoas são ouvidas a respeito de como idealizam a gestão que desejam receber?*

*As pessoas têm oportunidade de questionar a gestão em todas as decisões?*

*Há transparência em todas as decisões que são tomadas na gestão do projeto?*

*Há espaço para que as pessoas critiquem os processos decisórios que determinam o projeto?*

Aos que acreditam que as ruas fizeram emergir os valores essenciais da sociedade democrática e que estes devem permear todas as organizações, fica a certeza de que racionalidade sem humanização, sem escuta e participação, colocará em dúvida a qualidade do papel do gestor.

CAPÍTULO 4

# Trabalhos em administração e negócios – relatos de experiência na abordagem transevolutiva

Uma variedade de narrativas verbais, visuais, gráficas, diagramáticas e outras, expressas nas dimensões 2-D (duas dimensões/plano), 3-D (tridimensionais/espaço) e 4-D (movimentação/tempo) serão apresentadas a seguir. Para facilitar a classificação desses relatos optou-se por tipos de serviços, em projetos, de natureza diferente:

- Pesquisa
- Consultoria e workshops
- Palestras
- Docência
- Publicações de textos

Na sequência, será feito um diálogo da abordagem transevolutiva com autores da literatura nos mais diferentes campos do conhecimento.

Este capítulo está estruturado de forma a facilitar o entendimento de uma proposta de inovação no contexto das empresas, das instituições de ensino, de instituições de pesquisa e desenvolvimento, ciência e tecnologia, das profissões, de ações públicas e privadas em contextos regionais ou mais amplos. Ele também segue um padrão de desenvolvimento textual: relato de experiências vividas (narrativa), imagem ou metáfora (visualização, movimentação), propriedades da abordagem transevolutiva e como ela apresenta soluções para o mundo real frente aos desafios. Além disso, apresento algumas informações do meu histórico de vida, para mostrar antecedentes significativos. Além disso, declaro a minha esperança em compartilhar experiência teórica e prática com outras pessoas e organizações visando trabalhos conjuntos, já que a abordagem transevolutiva, aqui expressa, é avançar em processos de coevolução. Assim, essa parte revela 30 anos de pesquisa teórica e vivencial através dos trabalhos realizados e pretende ser um código aberto cuja perspectiva é a de que o leitor possa dialogar de forma crítica e imaginativa, colaborando com alternativas mais ousadas frente a desafios diversos da sociedade.

## 4.1 PESQUISA

### EXPERIÊNCIA VIVIDA: INSTITUTO DE ENGENHARIA DE SÃO PAULO

Tive experiências marcantes no Instituto de Engenharia de São Paulo. Associei-me e fiz parte de um grupo de profissionais experientes e estudiosos em gerenciamento de projetos. Havia pessoas que conheciam muito mais a prática; outras, mais a teoria, e um terceiro grupo teórico-prático. Esse foi o meu início em gerenciamento de projetos, o que me permitiu, depois de uma década, ser escolhido como professor do Senac (Serviço Nacional de Aprendizagem Comercial) no curso de especialização Gerenciamento de Projetos: Práticas PMI® (Project Management Institute®) para a disciplina Gerenciamento de Recursos Humanos. Esse grupo de profissionais produziu um trabalho do qual tive a felicidade de participar com o título "Contribuições da Divisão de Gerenciamento de Empreendimentos". Resultado: Melhor Trabalho Técnico do Ano.

Na frequência semanal ao instituto, fui estimulado a escrever um artigo para a *Revista Engenharia*, de sua publicação. Que ousadia! Um psicólogo escrever o trabalho que é publicado com o título "Engenheiros, engenharia e globalização – pensamento múltiplo em questão".

Na época, o instituto constatou a necessidade de fazer uma pesquisa de opinião com os associados visando conhecer melhor suas necessidades e expectativas quanto à entidade e, com isso, estabelecer um conjunto de medidas que contribuíssem para a sua evolução. Foram contratadas duas empresas para realizar essa pesquisa: Hora H – Pesquisa Engenharia & Marketing Ltda. (pesquisa quantitativa) e Zenker Tecnologia da Evolução S/C Ltda. (pesquisa qualitativa). Farei breve descrição do que nos interessa aqui: Qual a proposta de trabalho qualitativo? De forma muito simples: constituir pequenos grupos com os associados selecionados por amostragem para participarem de uma dinâmica de grupo (atividade, sessão, evento) na qual dois psicólogos apresentavam *slides* com imagens ambíguas, que suscitam várias leituras perceptivas, visando estimular e ativar processos mentais individuais e grupais. A pergunta frente a cada *slide* era: O que você vê nessa imagem? Em seguida, três perguntas eram lançadas: Como vocês veem o instituto hoje? Como vocês gostariam que o instituto fosse em futuro próximo? O que é preciso fazer para levar a situação presente a esse futuro? As falas eram gravadas, posteriormente transcritas, analisadas e classificadas com base em análise de conteúdo. Foram feitas sobreposições das informações de todas as dinâmicas, o que permitiu operar uma convergência (afunilamento) de milhares de informações para conhecimento com sentido, representativo dos anseios dos associados. As sínteses das pesquisas quantitativa e qualitativa se integraram e permitiram que a direção do instituto conhecesse, não só o diagnóstico atual e os anseios futuros, mas também as estratégias recomendadas para atualizar e fazer avançar a entidade. De maneira geral, as ações foram implementadas. Recomenda-se que, em um projeto essencialmente de mudança como esse, já no planejamento sejam previstos o acompanhamento das ações implementadas, avaliações e análise das decisões.

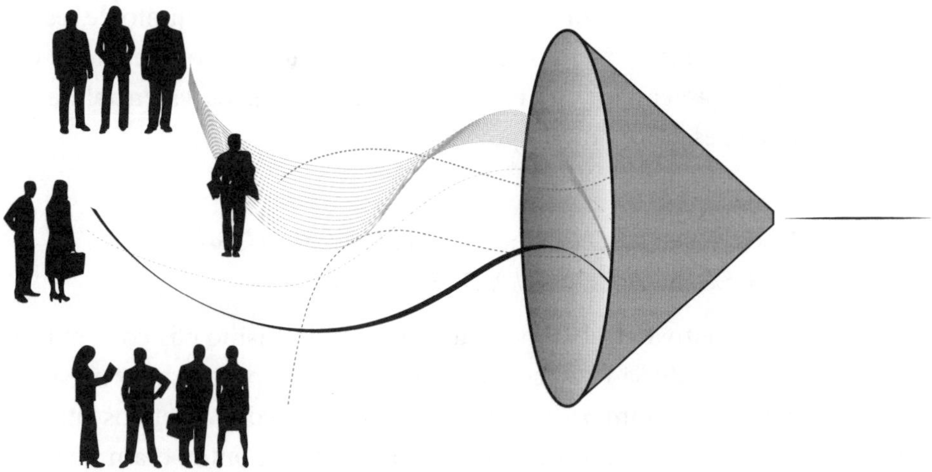

**FIGURA 4.1** Um exemplo da aplicação da abordagem transevolutiva em pesquisa de opinião.

Algumas propriedades da proposição de inovação manifestam-se no caso descrito. Uma atividade é escolhida como dispositivo para coletar, interpretar e propor ações visando transformar potenciais (desejos, necessidades, expectativas e outros) em resultados que satisfaçam as partes interessadas. A atividade escolhida foi a pesquisa que opera de maneira integrada com quantidade e qualidade dos dados. É um trabalho verdadeiramente participativo, no qual a cooperação das partes pode apoiar decisões mais acertadas. Dessa forma, o trabalho opera com extremos: individual e coletivo, visões passadas e futuras. O destaque é o presente – ponte entre passado e futuro, onde ocorre o planejamento e também a execução dos processos de transição. Entender o fator tempo (velocidade, aceleração) ao abordar a aprendizagem e a mudança se faz necessário. É como se tudo girasse ao redor e ao longo desse eixo transicional, transversal, enfim numa transestrutura que valoriza mais o movimento do que a organização. A locomoção "de... para..." que ocorre no tempo, nos projetos, com partes interessadas, faz parte dessa evolução, desse processo de maturidade. Não é uma questão de controle, mas de envolvimento de muitos que, através de processo combinatório, vão multiplicando seus esforços, suas contribuições. Assim, na evolução do projeto, por exemplo, o que se busca é a exponenciação e a expansão de forças que vão além de competências, envolvendo mais a formação e o desenvolvimento de uma rede de contribuições que naturalmente se expande. Vai além de uma proposta de determinar estratégias e formas de atingi-las como um conjunto de resultados previstos no planejamento. O desenvolvimento das competências do gestor de projetos refere-se, para além de atributos técnicos, essencialmente à articulação de pessoas e de suas potencialidades.

## EXPERIÊNCIA VIVIDA: CASO COLÉGIO. UM ESPECTRO GRANDE DE PARTES INTERESSADAS (*STAKEHOLDERS*)

Este caso diz respeito ao trabalho em uma escola de ensino básico com três unidades no estado de São Paulo. A direção contratou pesquisa (as mesmas empresas que trabalharam no caso anterior) cujo foco dos objetivos citados pelo contratante definia um escopo no qual alguns pontos eram chaves: avaliar o processo educacional-pedagógico na ótica de vários *stakeholders*, identificar forças e limites nos negócios visando ao progresso, subsídios para planejamento estratégico e comunicação da instituição com o mercado, com a comunidade, relacionamento interno e externo entre os vários públicos envolvidos, avaliação da infraestrutura, percepção da marca da escola, percepção dos moradores da região quanto à escola, percepção quanto à segurança e outros. O esquema utilizado foi semelhante ao do Instituto de Engenharia. Aqui será dada ênfase a outras dimensões.

A pesquisa qualitativa segmentou o público a ser pesquisado da seguinte forma: pais e alunos dos segmentos educacionais (Educação Infantil, Ensino Fundamental I e II e Ensino Médio), professores, funcionários, direção e coordenação, considerando as três unidades. Parte-se do princípio de que são diferentes públicos, com diferentes visões e que essa diversidade enriquece o trabalho. Além disso, a localização das unidades, com suas características culturais, históricas e regionais, a gestão e outras podem gerar percepções distantes entre as unidades.

Além do destaque dado à diversidade, aqui pretende-se narrar um pouco mais do método, das técnicas e dos instrumentos utilizados. Pesquisas quantitativa e qualitativa se complementam para dar mais fidedignidade aos dados, tornar a informação mais válida para decisões de gestão escolar e de negócios, com a possibilidade de maiores acertos. O planejamento da pesquisa é feito em comum acordo com o contratante, com todas as especificações necessárias. Esse trabalho feito em conjunto e contínuo com o cliente permite constituir a confiança, a credibilidade entre as partes, além de se fazer um projeto mais próximo da realidade. Em resumo, identificar e entender muitas vozes visando ao comprometimento e aos avanços. Técnicas de entrevista e de condução de grupos fazem parte do trabalho de levantamento de informações e necessidades dos públicos. Técnicas de base matemática e estatística fazem parte da pesquisa quantitativa, enquanto análise de conteúdo, da qualitativa.

Um dos maiores desafios da pesquisa qualitativa é conseguir extrair, de centenas de páginas transcritas, critérios ou parâmetros através dos quais as narrativas de muitos possam ser classificadas e interpretadas, respeitando sempre o público a que se referem. O padrão-chave da pesquisa qualitativa acontece através da técnica de perguntas. *Onde estamos? Para onde vamos? Como chegaremos lá?* Tudo é gravado. No decorrer do processo da primeira e segunda perguntas, o grupo está sentado em círculo, assim como os condutores da dinâmica. Quando a terceira pergunta é lançada, muda-se a cenografia. O grupo, com aproximadamente 12 pessoas, é dividido em três. Cada grupo registra em folha de *flip-chart* as providências, ou seja, medidas, estratégias para que aconteça a transição do *Onde estamos? Para onde vamos? Como chegaremos lá?*. De maneira breve, os grupos apresentam suas produções cujo objetivo é compartilhar informações (desejos, sugestões), e não discuti-las. O grande risco nesse tipo de trabalho e em outros similares que envolvem avaliação e projeção de novas soluções é que os envolvidos esperam execução das práticas sugeridas e, consequentemente, os mais diversos resultados. Assim, o levantamento de expectativas deve ter correspondência com ações e soluções no mundo real. Essas soluções não só devem ser geradas como divulgadas para os diversos públicos da escola.

É importante perceber, neste caso, a questão da intangibilidade. Trabalha-se com questões críticas, estratégias e propósitos em educação numa instituição na qual a materialidade está presente no cotidiano dos distintos públicos, mas o propósito maior é trabalhar com vida, com formação e desenvolvimento humano. Essa natureza da instituição e de seus projetos está no âmbito dos ativos intangíveis, dos serviços.

Percebe-se no caso descrito a transevolução, ou seja, o movimento de articulação de muitas dimensões. Assim, um trabalho como esse deve ser concebido como multivariável, multidimensional.

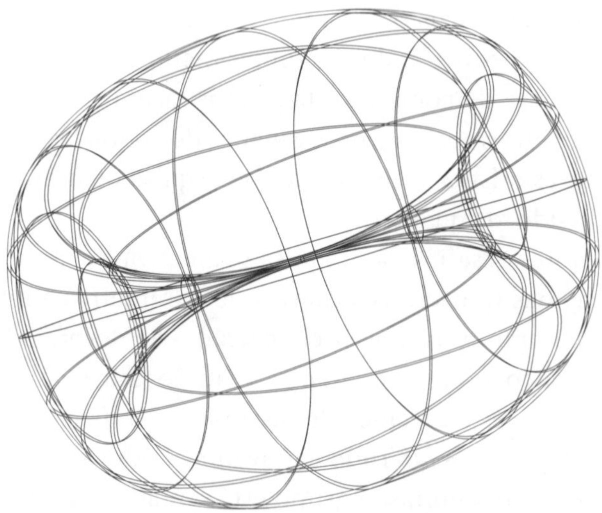

**FIGURA 4.2** Um exemplo da aplicação da abordagem transevolutiva em pesquisa orientada para *stakeholders*.

Nessa abordagem transevolutiva, os diferentes aspectos considerados do projeto são modelados num campo tempo espacial. Isso permite fazer recortes, por exemplo, de uma dada situação em dado momento ou como essa situação se comporta no decorrer do tempo. De maneira resumida, essa modelagem multidimensional no tempo e no espaço possibilita organizar e administrar os dados, as informações. Várias interpretações das informações podem ser feitas, permitindo a elaboração de relatórios que apoiam decisões gerenciais.

O que quero apontar aqui é que uma configuração da realidade, representada por um mapa que a reduz, procurando decodificar alguns aspectos da realidade para descobrir soluções para o mundo real, não se faz com um pensamento linear: entrada, processo e saída, pensamento tão comum aos gestores de projetos. Dessa forma, uma competência a ser desenvolvida é exercitar o pensamento múltiplo. Como referência sugere-se a leitura do artigo *Engenheiros, engenharia e globalização – pensamento múltiplo em questão* indicado nas Referências.

Cada vez mais praticantes e autores constatam há anos a ingenuidade das pessoas e dos profissionais quanto ao planejamento, à previsão, ao controle. Nassim Taleb é um dos autores-chave a explorar incertezas presentes em processos nos quais o tempo está presente (como é a natureza do gerenciamento de projetos). Os livros *Cisne Negro* (2008) e *Antifragile* (2012) exploram a *família da desordem estendida* muito bem *(cluster)*: incerteza, variabilidade, incompletude, mudança, caos, volatilidade, desordem, entropia, tempo, desconhecido, acaso, erro, dispersão, assimetria e outros. Pretendo resgatar esse autor mais no final do capítulo. É mais sensato posicionar-se no presente, numa atividade, num evento, como se estivéssemos num barco no oceano, e olhar para o passado a curto, médio e longo prazo. Olhar para o futuro mais em termos de abertura do que previsão. Estarmos atentos ao que ocorre fora, por exemplo, da organização, mas também dentro dela. Prestar atenção em todas as direções. Lá está o barco com o barqueiro olhando para cima, para baixo, para a frente, para trás, para si e para os outros, para aquele exato momento e local. Fazer algo num misto de intuição e dedução. Alguns diriam para não esquecer a adução, algo que pode acontecer. Esses mecanismos podem ser elucidados se o leitor consultar a obra de Roger Martin intitulada *Integração de ideias: como usar as diferenças para potencializar resultados.*

## 4.2 CONSULTORIA E WORKSHOPS

Optarei, nesse momento, pela narrativa de casos mais globais e orientados a negócios, a estratégias. Vamos navegar pelo mundo das metas organizacionais.

### CASO: COOPERATIVA AGROINDUSTRIAL

Considero a experiências neste caso (consultoria e seminários) um dos mais significativos para o meu repertório de conhecimentos.

#### Seminário 1

*Descrição*

- Seminário: Cooperativa na Nova Década
- Envolvidos: Conselho de Administração (presidente, vice-presidente, secretaria e conselheiros) e superintendente da cooperativa
- Local: São Paulo
- Duração: 20 horas
- Principais recursos de representação utilizados: palavra oral (diálogo), escrita (textos), desenhos (diagramas)

*Contexto*
Cooperativa de produção agropecuária com área de atuação no território nacional. Presta serviços diversos, como armazenagem e beneficiamento de produtos, comercialização da produção *in natura* ou beneficiada dos cooperados, compra de insumos destinados à produção e revenda a cooperados e terceiros, compra e venda de produção *in natura* ou beneficiada de cooperados e terceiros, intermediação e administração de financiamentos para produção.

*Fase diagnóstico*
A primeira reunião com o superintendente adjunto da cooperativa ocorreu no final de 1989 na própria cooperativa. Esse profissional com formação em administração de empresas estava na cooperativa desde 1974. Tinha grande conhecimento sobre sistema cooperativo e apreciava a leitura de

livros em que se destacava a visão sistêmica – a capacidade de conhecer o todo (sistema) com base no relacionamento de suas partes. Era leitor de Fritjof Capra (*O ponto de mutação* e *O tao da física*), com interesse na questão da complexidade numa abordagem sistêmica. Esse profissional foi muito útil na apresentação do contexto ambiental, tecnológico, sociocultural, político, econômico, humano, de gestão, assim como de outros aspectos que se configuravam na cooperativa naquele momento histórico. Um de seus depoimentos frequentes era de que os membros do conselho de administração e funcionários do corpo executivo sabiam esboçar e entender novos organogramas para a cooperativa, assim como traçar objetivos e metas do planejamento estratégico, mas não conseguiam integrar, num mesmo modelo, aspectos da estrutura organizacional e do planejamento estratégico. Tal representação, na opinião desse profissional, precisaria ser desenvolvida para servir de referência ao entendimento e comportamento de todos os envolvidos nesse processo de mudança e evolução pela qual passava essa cooperativa.

O relatório anual foi consultado visando obter informações relevantes. Em conjunto com os conselhos de administração e executivo foi preparado um seminário denominado Cooperativa na Nova Década, no qual o planejamento do ano seguinte seria reestruturado dentro de um novo conceito de administração. Essa nova estrutura organizacional, objetivando atender melhor ao cooperado, estaria baseada em quatro segmentos de produção: agrícola, frutas, flores e pecuária.

Durante essa fase exploratória foram programadas várias atividades de interação com aquela realidade produtiva: visitas aos cooperados para conhecer o local onde trabalhavam (flores, pecuária, agrícola e frutas), ao pessoal da administração (fiscal, pessoal e outros), à área industrial onde se operava, por exemplo, estocagem de matéria-prima e processamento industrial. Documentos que retratavam a cooperativa naquele momento, em termos de problemas e desafios, foram analisados, assim como relatórios, atas de assembleia e de reuniões. Além disso, foram realizadas entrevistas individuais com o presidente do conselho de administração, membros do conselho e superintendente. Esses profissionais formariam o público-alvo do seminário. A entrevista foi semiestruturada para dar maior liberdade de expressão ao entrevistado e seguia o seguinte esquema:

- Explorar a relação cooperativa-cooperado.
- Relação superintendência-conselho de administração.
- Caracterização do sistema cooperativo em termos de representação.
- Clarear a direção da cooperativa – para onde vamos?
- Identificar caminhos para alcançar os desafios – como chegar lá?

As perguntas feitas pelo consultor em geral eram do tipo: *Com base em sua experiência na cooperativa, como você percebe a relação cooperativa--cooperado? Você pode dar um exemplo disso?* Optou-se por anotar as declarações, e não gravá-las, para que o entrevistado ficasse mais à vontade. Observou-se que era comum os entrevistados se expressarem usando as mãos como se desenhassem suas percepções no espaço. Alguns tinham a iniciativa de fazer esboços no papel com alguns traços do que queriam dizer, principalmente quando falavam da relação entre cooperativa e cooperado, da relação entre superintendência e conselho de administração, da relação de meios (caminhos) e fins (desafios, metas). É importante notar que esses entrevistados trabalhavam ao ar livre, observando (olhar atento) e apontando partes do meio ambiente em que trabalhavam para colocar suas observações e gerar ações recorrentes. Observou-se o mesmo comportamento nos cooperados em seus ambientes de trabalho.

*Fase planejamento*

A escolha do nome do seminário, na opinião dos envolvidos, deveria passar a essência da proposta: Cooperativa na Nova Década.

Os **objetivos** traçados foram:

1) Prestar serviços de forma eficiente, visando satisfazer a expectativa de resultados financeiros do cooperado.
2) Estimular a adesão de novos cooperados.
3) Consolidar os segmentos de produção.
4) Dar condições socioeconômicas para a fixação do funcionário (contratado).
5) Estimular o desenvolvimento da infraestrutura da região.
6) Preservar seu nome como marca de sua identidade.

O público participante era composto pelos membros do conselho de administração, que são representantes dos cooperados e atuam também como cooperados. Cinco profissionais, de ascendência holandesa, assumiam as seguintes funções no conselho: presidente, vice-presidente, secretaria e conselheiros. O superintendente da cooperativa também participou do evento. O seminário foi programado para três dias, num total de 20 horas.

*Fases do seminário*
No início do seminário, o presidente do conselho deu as boas-vindas e explicou que o motivo da reunião era discutir os desafios e propor soluções para os rumos da cooperativa. Antecipou que, durante o seminário, as conclusões deveriam ser redigidas pelo grupo e registradas em ata para expressarem o comprometimento dos presentes. O superintendente expôs a importância daquele momento como oportunidade de colaboração entre as partes envolvidas: a que cuida da representação dos cooperados e a outra, que trata da gestão profissional da cooperativa. Além disso, todos deveriam estar alinhados numa mesma direção, com a definição clara e objetiva dos caminhos a serem seguidos para alcançar os objetivos propostos. Em seguida, foi apresentado o programa do seminário e a forma de trabalhar (participativo, orientado para reflexões e práticas, discutir questões desafiantes e propor soluções). Os participantes expressaram suas expectativas. As palavras que melhor expressavam as apresentações eram: *envolvimento* com aquele momento (motivação) e *comprometimento* com a produção do que precisava ser realizado no seminário visando sua posterior implementação (responsabilidade individual, grupal e coletiva). O principal recurso de representação nessa introdução do seminário foi a palavra oral.

*Módulo 1*
Duração: 4h
Lançou-se a primeira questão: *Quais são os principais desafios que a cooperativa deve projetar para a década e que decisões precisam ser tomadas para realizar avanços?* Formaram-se dois grupos de três participantes cada e durante quatro horas passaram pelo seguinte procedimento: discussão em grupo, anotação dos principais pontos, apresentação em plenária, discussão coletiva, ajustes nas suas apresentações e elaboração das conclusões. Os grupos eventualmente faziam colocações ao consultor, como: *Gostaria que você ouvisse o que discutimos para ver se estamos no caminho certo.* O que se observava nos grupos e na discussão geral é que ora faziam referências à história, ora projetavam um futuro no qual procuravam integrar, no

presente, a tradição da cooperativa com mudanças e inovações, visando garantir a conquista dos resultados almejados pelos seus membros. Todos juntos em círculo buscavam sintetizar, num documento textual, as proposições a que chegaram para que fizessem parte de um documento oficial.

O registro em ata solicitado pelo presidente do conselho no início do seminário tornava-se realidade. Dentre as conclusões destacavam-se:

1) Produção agropecuária *diversificada* e de *qualidade.*
2) *Consolidação* dos quatro segmentos de produção.
3) Objetivos que devemos perseguir: resultado financeiro, nome da cooperativa, consolidação do sistema.
4) Na definição de nossas metas, devemos persegui-las. As metas devem ser realistas, reavaliadas a cada ano e, consequentemente, redefinidas.
5) Os princípios básicos da cooperativa são considerados no desenrolar desse projeto.

*Módulo 2*
Duração: 8h
Foi lançado então o segundo desafio: *O que significa dizer que o negócio da cooperativa é produção agropecuária diversificada e de qualidade? Quais são as implicações dessa afirmação?* Foram formados três pares, com dois participantes cada, e durante oito horas passaram pelo seguinte procedimento: discussão em pares, anotação dos principais pontos, apresentação em plenária, discussão coletiva, ajustes nas suas apresentações e elaboração de conclusões. Todos juntos buscavam sintetizar as proposições a que chegaram para que fossem formalizadas num documento oficial que representasse uma referência para decisões e comportamentos no dia a dia da cooperativa. O consultor observava que a experiência de cada participante nesse processo de discussão muito ajudava na produção desse documento. Embora houvesse conflitos entre pontos de vistas, o espírito de negociação e acordo entre as partes foi incentivado. O documento destacou os ganhos múltiplos para todas as partes envolvidas (*stakeholders*).

*Módulo 3*
Duração: 8h
Lançou-se, em seguida, o terceiro desafio: *Projetar uma representação gráfica que incluísse várias dimensões: estrutura da cooperativa segmentada por*

*produção, objetivos e metas, negócio da cooperativa, contexto de mercado e sociedade.*

Sabia-se de antemão das dificuldades dos participantes na construção de uma representação gráfica que expressasse a complexidade e a dinâmica desse sistema que é a cooperativa. Assim, optou-se por uma abordagem de aproximação sucessiva. A consultoria elaborou alguns desenhos com base no diagnóstico e que seriam disponibilizados para apreciação e validade do grupo durante o seminário.

*Aproximação 1.* Participantes e consultor discutiam a nova estrutura organizacional denominada unidade de negócios, que substituía a anterior, chamada de funcional. Estimulava-se a busca de exemplos de uma estrutura e outra, vantagens e desvantagens de cada uma, além das implicações práticas da antiga e da nova estrutura. Num momento posterior, colocou-se a necessidade de expressar a estrutura através de um desenho – uma representação em que seria delineada tanto a estrutura organizacional do conselho de administração quanto do corpo executivo. Observou-se na discussão que, na comunicação das ideias entre todos, se fazia uso constante das mãos. Em geral, as duas mãos eram usadas como que sinalizando visualmente o que queriam dizer. Expressavam que ambas as estruturas precisavam estar em comunicação, em interação. A dificuldade colocada pelos participantes era como isso poderia ser representado. Depois dessa discussão entre conteúdo a ser representado e forma de representar, o consultor propôs mostrar o desenho que tinha esboçado anteriormente. Os participantes aceitaram prontamente. O consultor explicou esse primeiro desenho impresso numa folha de papel fazendo uma leitura do todo e de suas partes. Foram dadas aos participantes cópias desse desenho para que pudessem melhor visualizá-lo em seus detalhes. As pessoas do grupo fizeram perguntas visando esclarecimentos e melhor entendimento da proposta de representar, num meio gráfico, os principais aspectos envolvidos na proposição de criar um modelo que integrasse estrutura organizacional com planejamento estratégico e pudesse servir de referência para todos da cooperativa. As pessoas, em círculo, discutiram o desenho, e o consultor atuava como facilitador de aprendizagem quanto à descrição dos componentes do mesmo. Esse primeiro desenho – *representação gráfica da estrutura organizacional* – é mostrado na Figura 4.3.

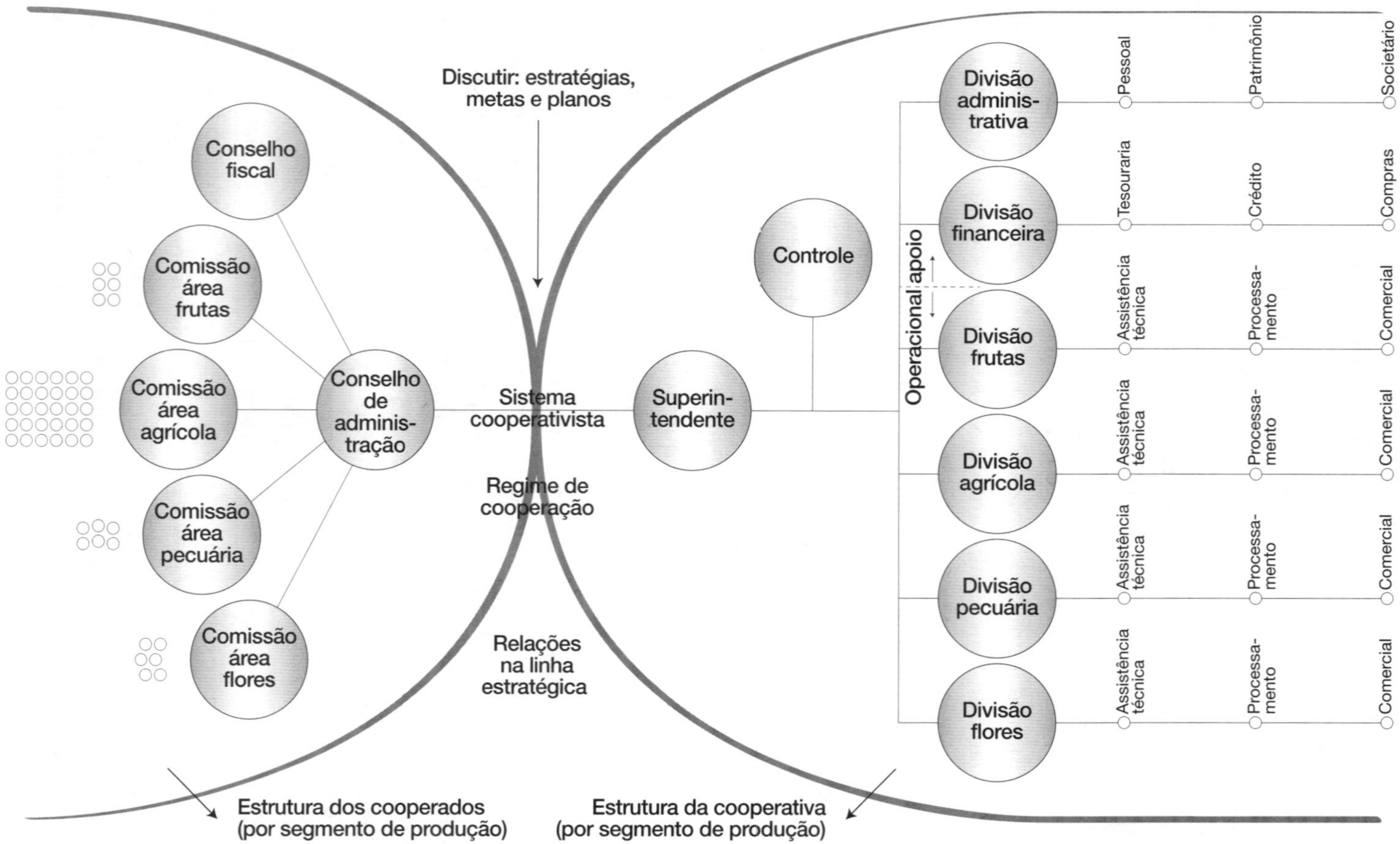


**FIGURA 4.3** Representação gráfica da estrutura organizacional.

Essa figura é aceita pelo grupo, pelo fato de fazer sentido, de permitir uma compreensão que até então não era clara.

As duas grandes linhas em "S" introduzem o território de intercâmbio entre aqueles que fazem e seus representantes legais, e aqueles que são contratados como profissionais para dar suporte ao negócio cooperativista.

Os círculos representam funções. As linhas representam distribuição de poder, fluxo de comunicação e expectativa de desempenho. Os minúsculos círculos representam os cooperados, os produtores. Nesse desenho, há duas estruturas em interação: uma, que se refere à produção da cooperativa (à esquerda), e outra que dá suporte à cooperativa, que é a administração (à direita). Ambas convergem para um ponto comum chamado sistema cooperativista, cujo regime é de colaboração. Nesse espaço da interseção são discutidas estratégias, metas e planos cujas figuras de destaque são conselho de administração e superintendente (administração executiva). Em cada estrutura ocorre um desdobramento: de um lado, posicionam-se quatro comissões de negócios (flores, pecuária, agrícola e frutas) e um conselho fiscal cuja atuação é mais operacional. O mesmo ocorre com o outro lado, com suas quatro divisões, que cuidam da gestão dos quatro negócios, e mais duas divisões complementares: administração e financeira. Essas divisões têm atuação tática numa posição intermediaria entre o estratégico e o operacional. Cada uma dessas divisões desdobra-se em um conjunto de funções especializadas para dar apoio técnico as suas divisões. Entre as divisões e a superintendência, um terceiro elemento se interpõe – o controle. Esse detalhe faz com que, nessa configuração da dupla estrutura, as linhas que partem do conselho sejam do estilo radial (como aros), enquanto as que partem do superintendente sejam lineares.

Nesse desenho percebem-se a diferenciação (conjunto das unidades do sistema) e a integração (organização e dinâmica do sistema). É importante notar a complexidade do desenho e da própria realidade da cooperativa pelo fato de haver duas estruturas que interagem com papéis, responsabilidades, atuações, objetivos e resultados distintos e explícitos.

Os participantes do grupo confirmaram a necessidade de uma representação visual que mostrasse os detalhes e simultaneamente o todo, a convergência e a divergência de esforços, o poder centralizado e o descentralizado, o poder distinto e o compartilhado, atuações estratégicas, táticas e operacionais.

A riqueza da interação entre aspectos textuais e imagens nesse desenho foi explicitada pelo grupo por ser um estímulo à atenção, envolvimento e possibilidade de partilhar com outros essa realidade figurativa que serviria de referência na realidade cooperativa após o evento.

*Aproximação 2.* Embora o desenho anterior – Figura 4.3 – mostre o trabalho operacional nos extremos da figura (à direita e à esquerda), na prática esses extremos interagem onde, por exemplo, um assistente técnico de uma divisão apoia o trabalho de um cooperado produtor do outro lado da figura. Para tornar esse processo evidente, é mostrado aos participantes um segundo desenho – a Figura 4.4 – denominado *inversão da estrutura organizacional.* Essa outra forma de representar mostra a interação entre aqueles que produzem (cooperados) e aqueles que apoiam os produtores (profissionais técnicos). Isso tornou mais claras as relações que ocorrem na chamada "linha de frente". Esse desenho foi extensamente discutido, pois os participantes precisavam atuar posteriormente como multiplicadores no sentido de espalhar, aos demais níveis da cooperativa, o que foi discutido e acordado nesse seminário.

*Aproximação 3.* O processo de aproximação entre consultor e participantes, entre desenho e projeto de organização e administração da cooperativa para a nova década continuava. A Figura 4.5 é apresentada e discutida por todos. A ideia para tornar a representação mais significativa era fazer uma sobreposição entre a figura da dupla estrutura organizacional com planejamento estratégico. Este último incluía: objetivos, metas e planos. O grupo começava a perceber que a estrutura organizacional ocorre mais no plano, no espaço, enquanto o planejamento estratégico acontece no tempo. O planejamento considera as conquistas realizadas e aquelas que estão por vir. Portanto, tem o passado como referência de conquistas realizadas e o futuro em que as projeções e os desafios são lançados.

Essa figura mostra uma diagonal, na vertical, que expressa o percurso da cooperativa no tempo. A dupla estrutura intercepta no plano horizontal a dimensão do tempo presente. Esse presente deve ser considerado o ano em que aquele seminário estava ocorrendo (1990), e o futuro se referia à década que estava por vir. A discussão baseada na representação gráfica mostrou que a estrutura organizacional opera mais como um meio de suporte para que a cooperativa consiga evoluir e atingir objetivos e metas que são de interesse de todos.

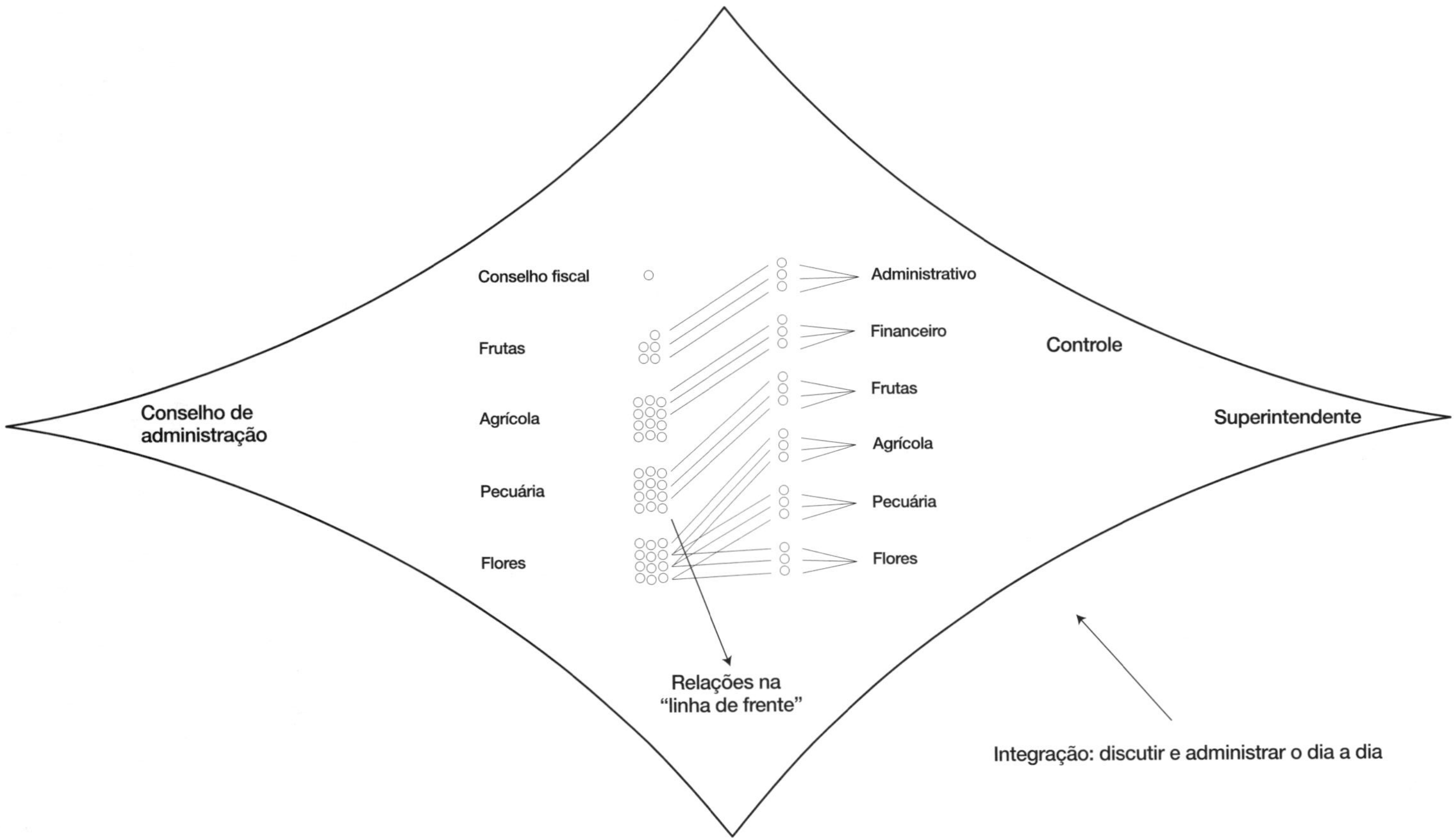


**FIGURA 4.4** Inversão da estrutura organizacional.

A consultoria, ao ter concebido esse desenho e discutido com o grupo, considerou o sentido do tempo de cima para baixo (vertical). Não foi utilizada nenhuma convenção para essa escolha.

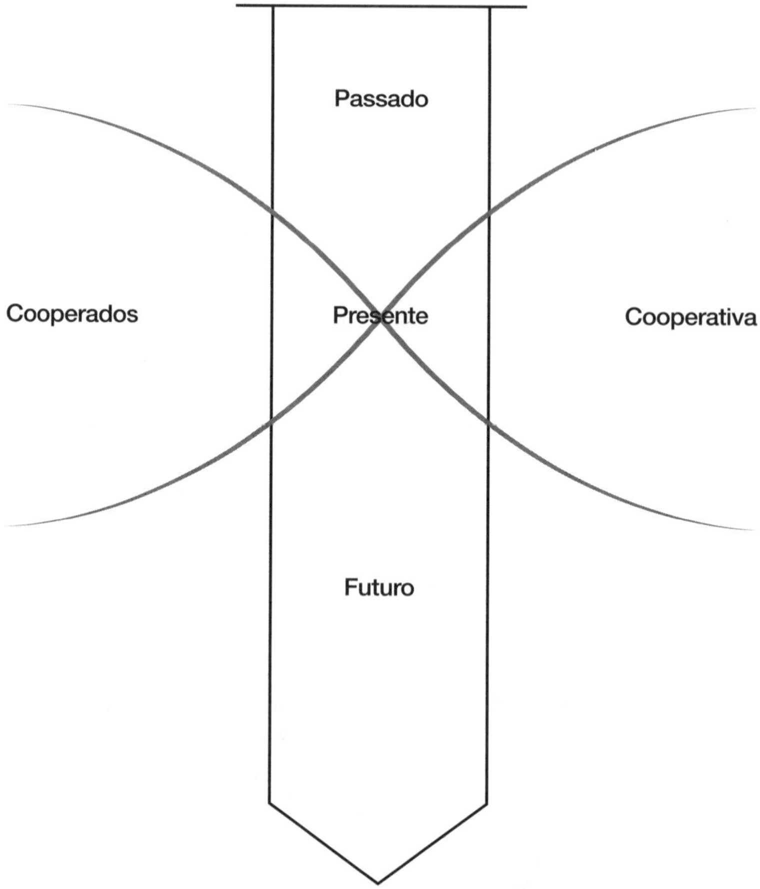


**FIGURA 4.5** Inversão da estrutura organizacional.

*Aproximação 4.* Uma nova representação – a Figura 4.6 – foi apresentada ao grupo. Esse desenho integra os demais e adiciona objetivos previstos. Tais objetivos foram apresentados ao grupo pelo presidente do conselho de administração. A figura mostra que há metas (específicas e quantificáveis) que estão num eixo imaginário central significando com isso que são de

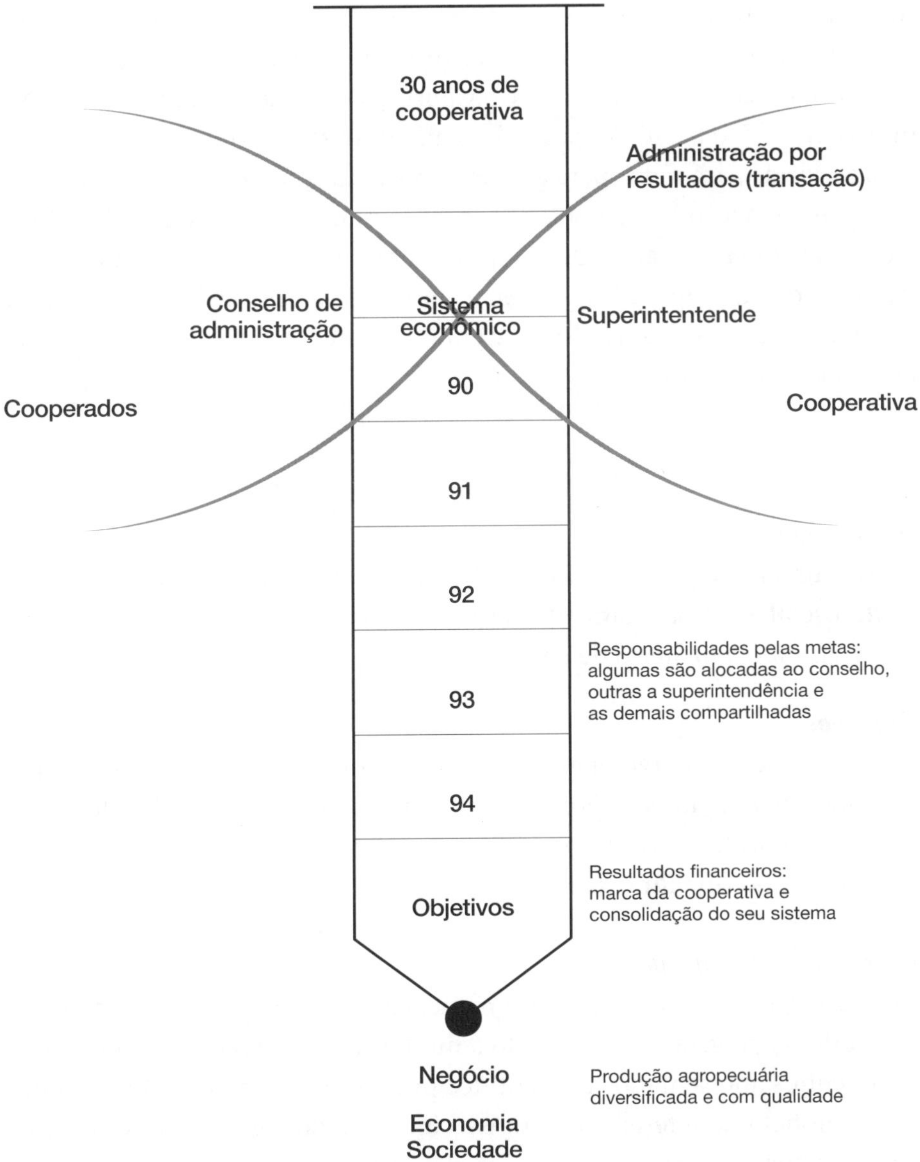


**FIGURA 4.6** Estrutura organizacional e planejamento estratégico.

responsabilidades tanto do conselho quanto da superintendência (objetivos compartilhados). Outras metas são de responsabilidade distinta de um ou de outro. Essas responsabilidades significam que os envolvidos devem assumir na prática a realização das mesmas e mostrar resultados. Embora o título do seminário fosse Cooperativa na Nova Década, o grupo optou por trabalhar metas no médio prazo. Na vertical, na parte de cima consta "30 anos de cooperativa", significando a valorização da história, da tradição. No outro extremo, o termo "objetivos" significava os três pontos-chave que devem servir de parâmetro para as metas: resultados financeiros, nome (marca) e consolidação do sistema de funcionamento dessa cooperativa. Todo o sistema converge para o destino, um ponto de chegada que é modelo de negócios dessa cooperativa, seu lema "produção agropecuária diversificada e com qualidade". Tudo isso ocorre em um contexto mais amplo, envolvendo economia e sociedade.

*Sinopse das metas e objetivos*

*Metas* (algumas)

1. Aumento de 5% ano do movimento geral (relação compra e venda).
2. Escolha e financiamento de uma área para exploração de culturas visando à inclusão de cooperados.

*Objetivos*

Prestar serviços (operacionais e de apoio) para os cooperados, contribuindo para que atinjam sua produção na quantidade e qualidade adequadas (mínima perda), assim como na obtenção de melhor preço pelo seu produto no mercado (máximo ganho).

*Representação – instalação*

Após essas quatro aproximações em que o desenho impresso foi o destaque no módulo 3, o grupo é convidado a montar uma instalação na qual todos os desenhos apresentados e discutidos pudessem ser materializados numa único modelo de referência. Para isso foram dados os seguintes materiais aos participantes para comporem essa representação:

- Isopor: pequenas bolas, pequenos quadrados, discos em vários tamanhos.
- Fios de lã: várias cores.
- Madeira: réguas de 30 cm.
- Papel: folhas A4.

Como instrumentos de apoio, foram disponibilizados: tesoura e pincéis atômicos de várias cores.

O processo de criação e desenvolvimento da instalação é mostrado nas Figuras 4.7 a 4.10.

**FIGURA 4.7** Discussão sobre o desafio proposto: a instalação.

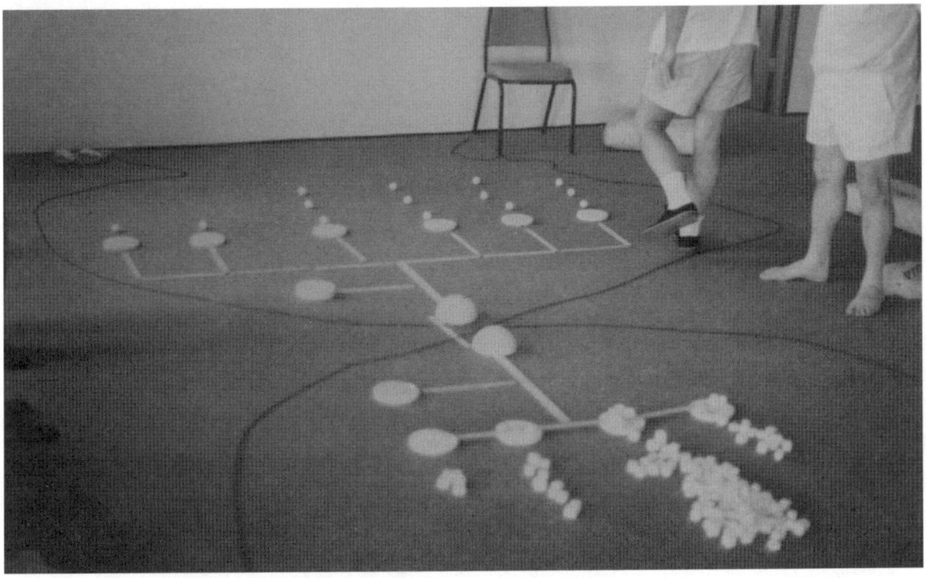

**FIGURA 4.8** Confecção da dupla estrutura organizacional: conselho de administração e corpo executivo.

As descrições dessa fase foram apresentadas anteriormente.

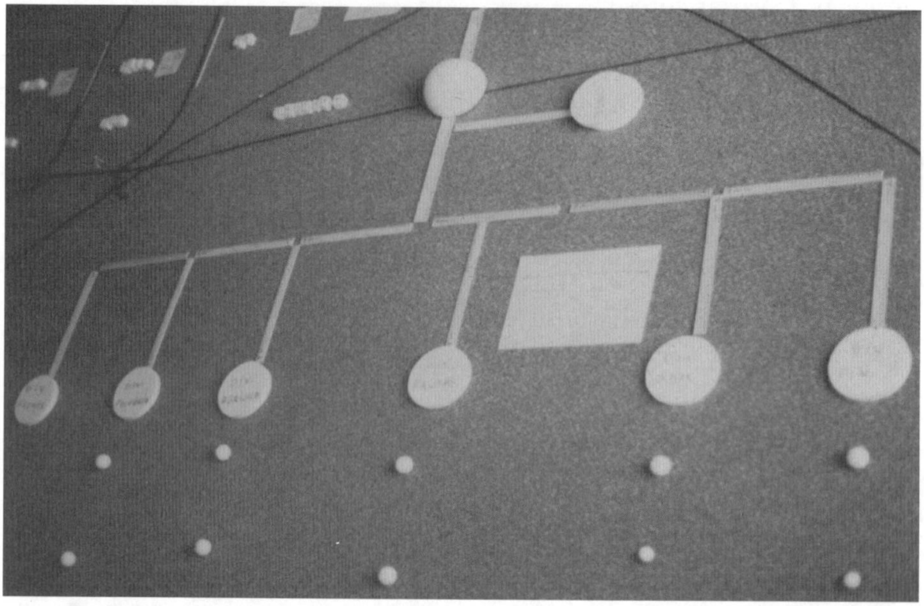

**FIGURA 4.9** Detalhe da estrutura que representa o corpo executivo da cooperativa.

As descrições dessa fase foram apresentadas anteriormente.

**FIGURA 4.10** Grupo observa a dupla estrutura organizacional apoiando o planejamento estratégico.

A instalação mede aproximadamente 2,5 m (lateral) – 3,5 m (longitudinal). As descrições dessa fase foram apresentadas anteriormente.

Essas figuras podem ser entendidas como "representação da representação" por mostrarem o desenho, o cenário físico, os autores, a materialidade e outros componentes. Essa representação (instalação), na opinião do grupo, era uma forma de tornar mais tangível, de viabilizar o que antes do evento estava ainda indefinido na mente das pessoas, assim como no simples desenho de um organograma, na lista de objetivos e metas feitos por pessoas da cooperativa.

Ao fazerem uma avaliação do processo do módulo 3, os participantes afirmaram que a compreensão sobre a mudança organizacional de função para unidade de negócios e o planejamento dos objetivos e metas criavam as condições propícias para a evolução da cooperativa traduzida em parte por medidas como mais segurança, menos riscos, menos custos, menos esforços, mais qualidade, mais produtividade, mais diversidade, mais ganhos com satisfação dos vários públicos envolvidos.

*Sínteses*

Desafios e recursos: tempo, espaço, materiais e representações.

A utilização de materiais como fios de lã, isopor, papel, madeira (régua) e de instrumentos como tesoura e pincéis possibilitou a concepção de desenhos e instalações gráficas nas coordenadas espaço e tempo. Nessas representações sinalizam-se os componentes do sistema e suas relações. Essa materialidade nas representações permite interações entre o mundo subjetivo das pessoas, o mundo objetivo das organizações, o mundo dialógico da convivência social num processo projetual que muitas vezes tem como características a mudança e a inovação.

Desdobramento dos recursos: formulações textuais, gráficas e tridimensionais.

A construção ou a reconstrução de meios de representação, por meio de palavras, de imagens, de diagramas, de instalações bidimensionais ou tridimensionais, possibilita o exercício de competências de indivíduos e grupos, que, muitas vezes, ao excederem seus limites, possibilitam o ingresso em outros planos de desenvolvimento.

### Seminário 2

*Descrição*

- Seminário: estrutura organizacional por produto: integrando as dimensões humana e técnica
- Envolvidos: Superintendente e equipe de gestores da cooperativa
- Local: São Paulo
- Principais recursos de representação utilizados: palavra oral (diálogo), escrita (textos), montagem (instalação tridimensional de natureza geométrica).

*Contexto*

O conselho de administração e a superintendência da cooperativa decidiram dar continuidade ao seminário anterior que estivesse centrado na nova estrutura organizacional denominada por produto. Para que essa mudança de estrutura ocorresse na prática partiram do princípio de que toda a gerência que apoia a superintendência deveria estar presente. Assim, participaram: superintendência, gerente da divisão agrícola, frutas, pecuária, financeira, administrativa e controladoria, no total de oito profissionais.

*Fase diagnóstico*

Duas reuniões foram feitas com o grupo que participaria do seminário visando elaborar antecipadamente alguns princípios (premissas) sobre a mudança estrutural para que elas fossem retomadas e retrabalhadas durante o seminário.

As principais premissas acordadas entre a equipe gerencial da cooperativa e a superintendência foram:

- A mudança da estrutura organizacional da cooperativa passava de uma gerência de função (atividades) para uma gerência de produto (segmentos de produção).
- A integridade das funções de produção, de processamento e de comercialização deve ser mantida apesar da segmentação.

Nas entrevistas semidiretivas para levantamento de informações (diagnóstico) com os futuros participantes constatou-se uma repetição do mesmo comportamento dos participantes do primeiro seminário: ao falarem da cooperativa e de seus desafios, gesticulavam com as mãos, gostavam de fazer esboços do que estavam expressando verbalmente, descreviam cenas de cotidiano etc. Percebeu-se que a comunicação era mais ampla do que apenas verbal. De maneira geral, eles não só procuravam dar visibilidade ao que comunicavam, mas também faziam suas citações situadas em determinados lugares (espaço) e em certa sequência (tempo). É importante notar que esses profissionais trabalham em dois ambientes: no escritório e ao ar livre, em contato com cooperados. Em função do uso mais amplo da linguagem e das informações dadas por essas pessoas, ora com mais abstração (suposições) e, em outros momentos, com mais concretude (fatos), ora com informações mais precisas (dados numéricos) e, em outros momentos, mais simbólicas (desenho), buscou-se construir um modelo adequado ao perfil de competências do grupo no qual fosse possível articular e representar três dimensões da cooperativa – estrutura, planejamento e valores. Esse modelo tomou a forma concreta de uma instalação tridimensional de natureza geométrica em que a escala (tamanho) fosse destacada para facilitar a interação e o entendimento da proposta de trabalho de mudança organizacional.

*Fase planejamento*
As constatações de que o público-alvo desse segundo seminário fazia uso de diferentes formas de representação levaram a consultoria a considerar com mais atenção os recursos gráficos como meios de aproximação e envolvimento dessas pessoas, na verdade agentes de mudança no processo de mudança organizacional da cooperativa. Construiu-se uma instalação com base no diagnóstico anterior para que eles validassem a estrutura organizacional para a cooperativa. Foi feita com dois materiais (fios e isopor), seu tamanho era a distância do teto ao chão da sala e permitia uma interação corporal dos participantes dentro dela.

*Fase seminário*
O seminário dividiu-se em dois módulos:

### 1. Discussão sobre as mudanças da estrutura organizacional

Nessa discussão buscava-se estimular a troca de percepções dos participantes sobre o significado da mudança da estrutura organizacional, de função para unidade de negócios, suas implicações e medidas a serem tomadas visando sua implementação. Como os participantes eram pessoas que no seu trabalho revezavam-se entre ambientes internos e externos, buscou-se alternar os trabalhos em sala (ambiente fechado) e no campo (ambiente aberto).

Foi definido um trajeto ao ar livre de aproximadamente 600 m nos arredores. Algumas considerações foram levadas em conta, no sentido da escolha do lugar e do modo como as pessoas trabalhavam. Alterar a luz artificial e o ambiente fechado da sala para luz natural, ambiente aberto, árvores e água pode ajudar na produção dos diálogos e discussões do grupo. Foram formados pares que lentamente caminhavam e trocavam ideias sobre pontos colocados no início de cada trecho (150 m) pela consultoria. No final de cada trecho fazia-se uma parada e, em círculo, os pares compartilhavam suas ideias na busca de comprometimento de todos quanto à colaboração necessária como agentes influenciadores dos outros níveis da cooperativa. Além disso, identificavam adaptações necessárias quanto aos comportamentos requeridos de todos para essa nova fase de evolução.

**FIGURA 4.11** Duplas num percurso discutindo questões-chave.

**FIGURA 4.12** Momentos em que todos compartilham os pontos discutidos em dupla durante o percurso.

Após o circuito evolutivo de discussão, o grupo retornava à sala e redigia os pontos-chave sobre a mudança na cooperativa como o documento que representaria as diretrizes apoiadoras de decisões e comportamentos a partir de então.

Cada divisão de produção tem três funções básicas: produção, processamento e comercialização.

O gerente de divisão deve saber discernir a dualidade do cargo que ocupa e ter um compromisso coerente com essa dualidade. É chefe de toda a equipe, mas também colega dos gerentes de departamento daquela divisão.

As funções específicas de cada segmento – produção, processamento e comercialização – devem manter as características e promover os objetivos da cooperativa, além de adequá-los às particularidades próprias de cada segmento. A formação de colegiados poderá auxiliar na difusão das ideias em toda a organização.

É importante notar que a produção do próprio grupo passa a ser referência documental (representação) de toda a cooperativa.

### 2. Produção de estrutura tridimensional que representasse o novo modelo organizacional com suas implicações

- Com base na geometria espacial, criou-se uma instalação (construída com cordas coloridas e bolas de isopor), em um modelo tridimensional. A ideia inicial era construir a instalação com bambus para se aproximar da realidade campestre da cooperativa, mas tornou-se inviável. Nessa transestrutura que caía do teto da sala até o chão, estavam representados três subsistemas:
- Estrutura organizacional (círculo central) – quatro segmentos de produção são representados (90º para cada segmento); cada segmento é subdivido em dois (45º cada representam os produtores daquele segmento e 45º representam a divisão que apoia aquele segmento); os círculos concêntricos representam outros contextos, como mercado e sociedade.
- Planejamento/desenvolvimento do produto (cilindro) – os fios que caem do teto até o chão representam o ciclo de negócios/planejamento passo a passo.
- Princípios cooperativos (círculos maiores) e mundo circundante (espiral) – representam os contextos/ambientes.

Na prática, a instalação significa que um ciclo de desenvolvimento de determinado produto se dá no decorrer do tempo (da produção à comercialização), sendo apoiado pela estrutura organizacional (divisão) num contexto de cooperativa, de mercado, de sociedade e mundo.

### Detalhando o modelo da estrutura organizacional por produto

A estrutura em 3-D (terceira dimensão) continha (de forma simbolizada) os membros da cooperativa com suas funções, os estágios do ciclo das compras até a comercialização no mercado, os vários contextos (cooperativo, mercado, sociedade e mundo). Tudo estava lá, representado em linguagem configurativa (simbólica). Os envolvidos se relacionavam com a montagem (transestrutura), podiam visualizar onde estavam, entrar fisicamente na configuração (intensidade/cinestesia) e discutir sobre as relações entre as partes desse sistema (fragmentação/completude). Estavam em melhores condições de dar nome às coisas e processos (nomear), de sentirem certo conforto diante do desafio (compreender, aceitar, envolver-se, responsabilizar-se, empenhar-se e obter resultados).

Instruções eram dadas aos participantes para estimulá-los em como representar cada dimensão. Embora a consultoria tenha concebido o desenho da instalação tridimensional anteriormente ao seminário, considerou importante que os próprios participantes fossem conduzidos a realizar a montagem da instalação.

**FIGURA 4.13** Grupo discute e realiza a primeira dimensão representativa da estrutura organizacional por produto: quatro segmentos de produção e subdivisões.

### Sequência da construção da instalação pelo grupo de participantes

Cada segmento de produção (flores, pecuária, agrícola e frutas) está representado nos 90º do círculo e é considerado uma unidade de negócio. Cada segmento possui uma dualidade: produtores de um lado (45º) e sistema de apoio de gestão de outro (45º). Em geral, as estruturas organizacionais são representadas em diagramas chamados organogramas. Em certos tipos de organização, a complexidade da estrutura exige representações mais elaboradas. A instalação que está sendo construída tem como base a geometria espacial.

**FIGURA 4.14** Estrutura organizacional (círculo central), contexto amplo (círculos mais externos no chão) e ciclo de desenvolvimento de produto (na verticalidade, fios caindo do teto).

Grupo 4 – estrutura organizacional (círculo central já descrito na Figura 4.14), contexto amplo (círculos mais externos no chão) e ciclo de desenvolvimento de produto (na verticalidade, fios caindo do teto). O contexto maior refere-se ao ambiente no qual a cooperativa atua, envolvendo desde valores até princípios e práticas cooperativistas. Dimensões como cultura, estratégia, mercado, práticas de gestão, sociedade e outros contextos histórico-geográficos podem ser considerados dimensões que fazem interseção com a cooperativa. Na vertical, ocorre a cadeia de valor que transforma entradas em processos e, por fim, em saídas que significam as ofertas para os clientes. Os fios verticais no texto significam as relações daquela unidade de negócios com fornecedores e, no chão, com a comercialização. Estar fisicamente posicionado com o corpo num lugar representa estar locado numa unidade de negócios (num produto), numa posição (produtor ou gestor), num processo de negócios, numa fase de suprimento até a comercialização.

**FIGURA 4.15** Discussão sobre as três dimensões dessa instalação organizacional por produto (estrutura por unidade de negócios).

Grupo 5 – discussão sobre as três dimensões dessa instalação que representa a estrutura organizacional por produto, chamada também de estrutura por unidade de negócios. A posição de pé e em círculo dos participantes, numa inclusão parcial ou total na instalação, ativa outros processos experienciais.

**FIGURA 4.16** Discussão das implicações práticas dessa mudança de estrutura organizacional.

A situação de todos sentados ao redor da instalação remete a outra imagem presente em muitos povos e nos mais diferentes períodos históricos: o grupo sentado ao redor da fogueira compartilhando algo (diálogo). A cenografia que surge a cada momento do seminário é distinta do que ocorre, por exemplo, numa reunião gerencial ou num conselho de administração. Constata-se, nesse ambiente criado para o seminário, maior exposição, não só intelectual, mas emocional, uma sensação maior de liberdade para se expressar, mais facilidade para criar, inovar e, de forma colaborativa, produzir registros. Nas situações informais, como café e almoço, é comum as pessoas espontaneamente colocarem seus pareceres do tipo "como está gostoso esse trabalho, sinto que estamos progredindo muito", "estamos juntos todos os dias na cooperativa e estou surpreso com o quanto somos criativos, o quanto podemos realizar juntos".

O distanciamento e a aproximação frente à instalação geram visões diferentes da "realidade". Nesse jogo de alternâncias amplia-se a compreensão do papel de cada um em um processo de transformação pelo fato de vivenciarem e experienciarem aspectos múltiplos da "realidade".

**FIGURA 4.17** Experiência de olhar sobre uma fase do ciclo de produção e de todo o ciclo (jogo de aproximação e distanciamento).

O uso da visão é intensificado, assim como as mãos são mais utilizadas no sentido de apontar algo. A utilização de diferentes tamanhos de peças retas e cilíndricas permite trabalhar com convergência e divergência, com visões mais restritas e mais amplas. A comparação que se faz é a seguinte: um gestor ou produtor deve ter uma visão geral do ciclo de processamento em sua unidade de negócios. Isso implica que é necessária uma visão geral e também mais estratégica, não tanto tão somente execuções das rotinas do dia a dia. Para isso esse profissional, seja gestor seja produtor, conta com outros profissionais de nível intermediário (supervisão) e técnico.

Concluindo, esse caso mostra a utilização de uma instalação gráfica tridimensional que possibilita a interação e a imersão, em termos sensório-motores, e seus impactos cognitivos e emocionais, facilitando o entendimento da situação futura. Podemos afirmar que esse sistema gráfico, de natureza visual-espaço-temporal, permitiu construir a realidade imaginada, facilitando a transição para a realidade concreta.

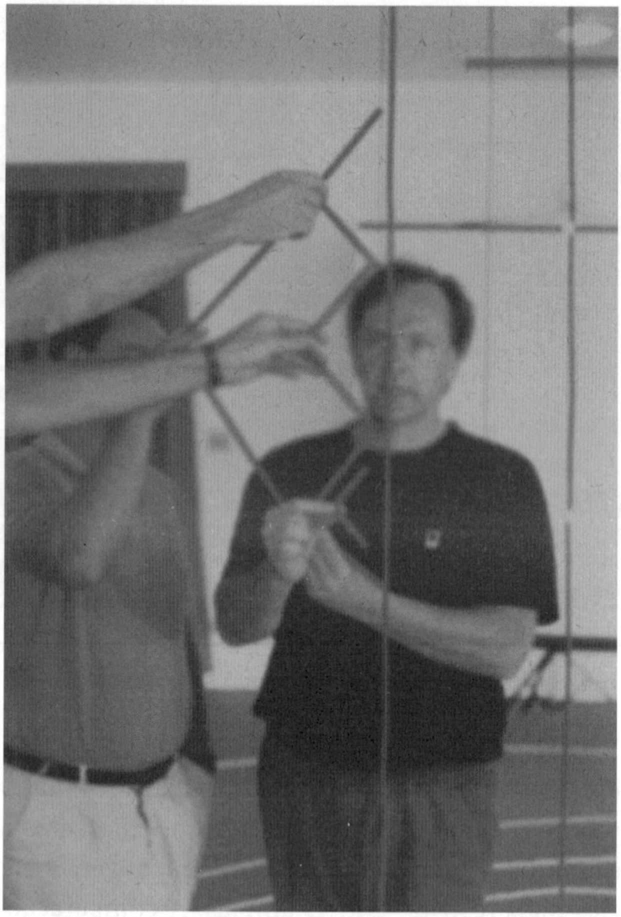

**FIGURA 4.18** Visões geral e específica sobre o ciclo de produção e suas implicações.

## Produção dos participantes: interpretação da instalação tridimensional

A interpretação dessa estrutura pelos participantes do grupo, com base em seu entendimento do modelo, foi delineada conforme segue. É um importante material pelo fato de ser uma interpretação verbal de uma instalação gráfica tridimensional e que será utilizada como representação para a disseminação posterior na cooperativa.

*Um círculo central dividido em quatro partes iguais, cada parte representando um segmento de trabalho.* Os segmentos são todos importantes para o conjunto da cooperativa e na sua perspectiva para o futuro. Representa o objetivo da cooperativa – produção agropecuária diversificada e de qualidade.

*Cada segmento está devidamente separado do outro por linhas divisórias contínuas (raios), enquanto a circunferência tem interseções que ligam a área de cada parte ao seu exterior.* Somente poderá ser efetivamente unido o que estiver devidamente separado.

*Cada parte (segmento de produção) é dividida ao meio: produtores de um lado e suporte de gestão de cooperativa para aqueles produtores.* Representa a unicidade do conjunto de produtores – cooperativas; duas fases da mesma moeda, dois lados do mesmo objetivo; ambos igualmente importantes, com funções diferentes. A parte inteira representa o segmento; um dos lados representa a divisão, e a outra, os produtores.

*Cada lado tem o seu organograma representado, mais próximo da linha de produção; os produtores de um lado e os funcionários do outro.* Logo atrás dos produtores, os membros da comissão; atrás dos funcionários, os gerentes de função. Por último, próximo às divisórias do segmento encontram-se localizadas a coordenação da comissão e a gerência da divisão.

*Outro círculo mais amplo envolve o círculo periférico e seccionado dos segmentos. Esse círculo representa o âmbito da cooperativa.* A área em destaque representa o que denominamos sociedade. Sociedade representa tudo o que faz parte da cooperativa, mas não está ligado diretamente aos segmentos. É o sistema maior do qual fazem parte e dependem, com o qual interagem e a que dão suporte e motivação.

As funções de apoio – nessa área, função é divisão – e a superintendência são da sociedade, assim como os sócios da cooperativa representados pelo conselho de administração.

*Um terceiro círculo, fechado ou em espiral, representa o exterior da cooperativa e, portanto, dos segmentos.* Se fechado, representa o todo exterior; se espiral, partindo do círculo da cooperativa e se abrindo, representa o exterior muito próximo (comunidade local), próximo (mercado, fornecedor, sistema cooperativista etc.) e mais distante (governo, comércio internacional etc.).

*Uma representação, em outra dimensão, com traços perpendiculares às linhas de produção, representa o tempo, os ciclos de produção sucessivos, o escalonamento no tempo das atividades de cada segmento.*

*Conclusões do seminário*

Uma reunião plenária encerra o seminário com algumas conclusões. Os praticantes expressam com palavras o quanto a instalação produzida permitiu melhor compreensão dos desafios e ações decorrentes.

**FIGURA 4.19** Conversa informal do grupo sobre as lições aprendidas.

As principais conclusões dos participantes foram documentadas e sinteticamente são as seguintes:

A estrutura organizacional por produto (EOP) é a organização da cooperativa enfocando sua estrutura do ponto de vista dos segmentos de produção.

EOP é a estrutura por produto e não por função.

De um lado está o mercado; do outro, o cooperado produtor; no meio está a cooperativa, que é a ligação.

As principais vantagens da EOP são ter o controle sobre todo o processo, melhor integração do segmento de produção e melhor coordenação das funções do segmento.

Deve-se estar permanentemente voltado para o mercado e sintonizado com o cooperado.

Na EOP existe maior flexibilidade de se estruturar cada segmento de acordo com suas necessidades.

Os segmentos de produção têm a mesma importância dentro da cooperativa, independentemente de sua dimensão.

A EOP possibilita melhor enxugamento da estrutura e maior racionalização. Dá mais agilidade e adaptação ao *timing* das funções.

O gerente de divisão deve saber discernir a dualidade do cargo que ocupa e ter um comportamento coerente com essa dualidade. Ele é, ao mesmo tempo , o gerente da divisão e o gerente de uma função. É, então, chefe de toda a equipe, mas também colega dos gerentes de departamento daquela divisão.

*Síntese*

**Desafios e recursos: tempo, espaço, materiais e representações**

A utilização de materiais como fios de lã, isopor e tubos possibilitou a concepção de uma montagem nas coordenadas espaço e tempo. Nessas representações sinalizam-se os componentes do sistema e suas relações. Essa materialidade nas representações permite interações entre o mundo subjetivo das pessoas, o mundo objetivo das organizações, o mundo dialógico da convivência social num processo projetual que tem como características, muitas vezes, a mudança e a inovação.

**Desdobramento dos recursos: formulações textuais e tridimensionais**

A construção ou a reconstrução de meios de representação, seja por palavras (texto) seja por instalações tridimensionais (montagem), possibilita a organização de informações sobre domínios como estrutura organizacional, planejamento estratégico e princípios cooperativistas, favorecendo o entendimento da parte e do todo, das etapas de um processo, dos contextos envolvidos. Essa aprendizagem apoia o envolvimento e a capacidade de gestão de indivíduos e grupos a operarem mudanças na organização. As produções dos participantes atestam o quanto foi importante o uso de vários meios de representação para obter melhores resultados em menor prazo na confecção dos documentos que apoiam a mudança; menor esforço individual e grupal na geração das respostas aos desafios; menor risco dos acordos negociados; qualidade e inovação das contribuições geradas.

Além desses indicadores informalmente colocados pelos participantes ao final do seminário, o grupo expressou grande satisfação por fazer parte desse momento em que as contribuições de cada um tornaram-se coletivas.

## 4.3 PALESTRAS

### CASO DO INSTITUTO DE ENGENHARIA

Em dado momento, nesse instituto, surgiu a possibilidade de ministrar uma palestra sobre lucro para associados, aberta ao público. O primeiro desafio que surgiu foi como apresentar o tema de forma mais sedutora para um público especialmente de exatas. A bibliografia usada seria *Estratégia focada no lucro* (*The profit zone*): *desvendando os segredos da lucratividade*, de Slywotzky e Morrison (1998).

Fiz maquetes usando isopor e espetinhos de madeira que se usa para churrasco. Fiz algumas maquetes em miniatura que foram colocadas sobre a mesa principal do auditório.

Havia outro desafio relacionado também com a palestra. Relacionar gerenciamento de projetos com modelos de lucro. Fazia parte do grupo de gerenciamento de projetos do instituto. A primeira decisão foi abordar projetos tendo uma referência importante. Escolhi o *Guia PMBOK®* (Guia do Conhecimento em Gerenciamento de Projetos) do PMI® (Project Management Institute®). Além disso, buscava a melhor forma de o público se envolver. Sabia que a visualização é a chave, mas insuficiente. Estava envolvido com leituras de artigos sobre *embodiment*, que coloca o corpo como relevante, como instrumento de exploração e de aprendizagem (requer mais do chamado sensório-motor do que da reflexão). Algumas imagens (metáforas) me vinham à mente, principalmente a do túnel. Assim, solicitei a um profissional que fizesse uma estrutura metálica que pudesse ser montada no local, a qual as pessoas pudessem percorrer. A estrutura, com uns 5 m de extensão, tinha altura suficiente para as pessoas ficarem ora em posicionamento (fixas), ora em movimento (passeio, locomoção). Habitar o túnel com o *Guia PMBOK®* era um desejo. Nas laterais do túnel (visão interna) havia cartazes que especificavam pontos-chave das áreas de conhecimento, como tempo, custos, aquisições, qualidade, riscos e outros. Isso exigia que o observador parasse para ler esses painéis. Vejo que a inserção do observador no túnel, nesse momento, ocorria no espaço (tridimensão). O ciclo de vida do projeto com suas fases ocorria na longitudinal, ou seja, no tempo (quarta dimensão). Faz-se menção ao mundo externo ao túnel como a organização, o mercado, a sociedade. A suposição é a de que outros recursos, outras competências são estimuladas nos presentes, além da troca de ideias sobre o que estava acontecendo. Essa experiência estendida, vivida organicamente pelo fato de as pessoas estarem imersas na situação, parece mais efetiva do que a leitura de um texto, muitas vezes de natureza bastante conceitual e abstrata. Intencionalmente buscava-se ampliar o exercício das competências, das inteligências, além da verbal e da numérica, com destaque para as chamadas visual/espacial, cinestésica, intrapessoal e interpessoal. Essas inteligências são muito bem apresentadas por Howard Gardner com destaque na obra *Mentes que mudam* (2005). Outro autor que foi considerado inspiração para a construção dessa instalação é Donald Winnicott (1975), que fala de fenômenos e objetos transicionais como algo que ocorre entre o mundo interno e o externo. Esses objetos, também chamados de artefatos culturais, permitem experiências sensório-motoras talvez mais fortes do que a discussão ou o debate em que predomina essencialmente a palavra.

## 4.4 DOCÊNCIA

SENAC: Gerenciamento de Projetos, Práticas PMI®

Uma das atividades mais marcantes para mim e para os alunos é quando, em sala de aula, as equipes trabalham sobre algum conteúdo programático. Darei exemplo do que ocorre em uma aula de quatro horas em gerenciamento de projetos no curso Gerenciamento de Projetos: Práticas PMI® pelo Senac.

- Usa-se peças Lego como recurso (um conjunto grande de peças para a classe toda).
- O objetivo é criar um protótipo de produto/serviço qualquer em sintonia com a sustentabilidade.
- Formam-se os grupos (4-5 pessoas por grupo) para um total de 20/25 alunos.

- Os grupos precisam decidir como lidar com o desafio tendo um conjunto de peças limitado (recursos físicos escassos).
- Os grupos têm duas horas/aulas para gerar sua produção.
- O professor orienta os alunos quanto à comunicação para os *stakeholders* (partes envolvidas, interessadas no projeto), entrando em técnicas de apresentação em marketing.
- Orienta, em especial, sobre os documentos que podem apoiar a apresentação, além da maquete, como, por exemplo, fotografias do produto (com sobreposição a imagens selecionadas da internet), documentação técnica, catálogo de benefícios do produto/serviços.
- Cada grupo se apresenta para os demais numa simulação do mundo real em que oferta e produto, vendedores e compradores estão em interação de negócios. Os grupos que representam os *stakeholders* fazem perguntas variadas.
- Faz-se um painel final sobre lições aprendidas, descobertas identificadas que podem ser imediatamente levadas para o ambiente de trabalho.

Essa simulação do mundo real, por meio de desafios e soluções vividas, estimula o desenvolvimento de muitas competências. A diversidade de qualificações de cada aluno/profissional é um ponto a ser considerado e aproveitado, confirmando várias abordagens sobre inovação apresentadas na literatura acadêmica.

## 4.5 SINOPSE DA PROPOSIÇÃO DA TRANSEVOLUÇÃO

Apresento de forma sintética o esboço da proposição desenvolvida até agora.

Mostrei essa perspectiva de trabalho em grande parte da obra, por meio dos relatos de experiências e das técnicas e instrumentos utilizados.

Trabalho há mais de trinta anos nessa abordagem. Minha principal intenção é exponenciar resultados de processos, de projetos, de PMO (*Project Managment Office*), de organizações. Estou atento à relação entre recursos, esforços e retorno. Chamo isso de riqueza em todos os sentidos. O desenvolvimento de um projeto é uma parte desse objetivo. O caso do laboratório farmacêutico é um exemplo disso.

Considero que vivemos em um mundo mais da incerteza e da descontinuidade do que da estabilidade. Isso tem implicações no gerenciamento de projetos. Portanto, lanço os fundamentos, os métodos, as técnicas e os recursos que podem ser aplicados a muitos casos. O papel dos agentes de inovação é importante para fazer uso da proposta como apoio e não como modelo a ser seguido.

Essa proposição é multidimensional porque considera as forças do passado, do presente e do futuro. Leva em conta fatores externos e internos a uma organização, a um projeto. Opera com paradoxos captando e integrando o macro (globalização, sociedade, comunidade, mercado etc.) e o micro (atividade, tarefas etc.).

Atribui mais valor ao tempo do que ao espaço. Trabalha fundamentado em pesquisas que afirmam que o tempo de consciência de um fenômeno pelo ser humano é de três segundos. Nesse ponto, coloca o aqui e o agora na atividade, no evento, na sessão que está ocorrendo, como uma reunião, por exemplo. A partir desse ponto opera o sistema de ordenadas para todos os sentidos (para trás, para a frente, para cima, para baixo, para o centro, para fora, e assim por diante). Fundamenta-se em muitas pesquisas em vários campos do conhecimento. De forma mais profunda, a proposição baseia-se em responder a quatro perguntas de diferentes naturezas: epistemológica (conhecimento), ontológica (ser), métodos, técnicas e instrumentos (metodológica) e prática (operar mudanças no mundo real). A proposição é transevolutiva por vários motivos. Opera na transversal, no tempo, no processo no qual o objetivo é transformar-se por uma visão mais diacrônica (longitudinal) do que sincrônica (simultânea). Um dos segredos é que as variáveis do espaço se reportam ao tempo. O caso da cooperativa retrata isso. Um *slogan* como, por exemplo, "A configuração do acontecer" tem esse significado.

Alguns autores pesquisados nas últimas décadas serviram de referência para a elaboração da proposição transevolutiva aqui apresentada. Faço breve comentário sobre algumas obras, enquanto em outras (mesmo de grande valor) só especifico o ponto-chave.

Valoriza-se nesse campo tempo-espacial aspectos humanos, sociais e culturais. Assim, acredita-se que um gestor e líder tenham papel fundamental na condução de sua equipe, nas comunicações e interações com as partes interessadas.

Ao mesmo tempo que valoriza a especialização, considera de extremo valor a amplitude de visão.

Uma proposta como essa está aberta às profissões, daí ter destacado isso na introdução. Para arquitetar essa proposição, o autor pesquisou grande número de livros nos mais diversos campos: arte (arquitetura, design, fotografia, cinema, dança, literatura, teatro, artes plásticas e outros). Nesses campos, transitou durante estas últimas décadas. Ciências (em especial, as cognitivas), sociais (história, psicologia, sociologia, antropologia, economia, política etc.), da terra (geografia), comunicação (reconhecimento da importância das mídias e dos profissionais/pessoas), exatas (matemática, estatística). Como dito nesta obra, é uma proposição aberta, um código aberto e não fechado. O sentido é que essa configuração seja desenhada para operar em diálogo, em construção, em direções com outras. Não há dominador, pois o que se pratica e no que se acredita é a partilha.

Projeto é um percurso que ocorre no tempo com muitas entradas, processos e saídas. Vejo com alta restrição o avanço do conhecimento e das experiências em projetos, as figuras nas quais se trabalham com duas dimensões. Numa tabela, trabalha-se com verticalidade e horizontalidade. Nessa grade, que é secular em sua origem, surgem as células, onde colocamos as informações. Perceba que tudo fica congelado num *template*. Podemos caminhar para a direção dos objetos tridimensionais (maquetes, protótipos). Isso já é um avanço e tem seu valor. Muitos livros de design e inovação publicados recentemente propõem trabalhos nessa linha. Quando, num workshop, são dadas folhas sulfite, post-its, fita crepe, pincel atômico, tudo vai para a parede: trabalha-se no plano. Quando são dados materiais para montagem em três dimensões sobre a mesa ou no chão, operamos na espacialidade. O que constato é que se opera muito com palavras, com desenhos e pouco com movimento. A vida é movimento. Projeto é movimento. Percebo a necessidade de uma evolução que considere de valor libertar-se da visão prisioneira, estática e de fixação de categorias de informações, recursos físicos e outros para explorar melhor o potencial em outras dimensões, como modelar o conhecimento, a experiência no tempo. Muitas referências sobre modelos *trans* são apresentados por diferentes autores. Marvin Minsky, em sua obra *Sociedade da mente* (1989), fala sobre o valor da transestrutura (origem - percurso - destino, de forma agregada com outros fatores e não apenas linear). A 29ª Bienal de Arte de São Paulo operou com a transversalidade ao compor os espaços para as obras, para a locomoção, em cada andar - houve uma mudança de paradigma, da malha existente ortogonal para a malha proposta diagonal.

Quando Lúcio Costa, por exemplo, fez o plano piloto para o concurso de Brasília, o que ele usou como primeiros passos do seu projeto? A forma de um avião pousado. O que lembra? A forma de uma cruz na qual dois eixos se interceptam. O eixo monumental é desenvolvido na transversal. O desafio é apresentar recursos gráficos ou físicos que permitam aos profissionais de projetos e seu gerenciamento ampliar seu entendimento da realidade. Em um projeto, é comum apresentar esquemas do tipo *work data flow diagram*. *Templates* nos quais se cruzam informações em colunas e linhas são outra ferramenta, útil mas insuficiente.

O leitor pode estar se perguntando como funciona essa modelagem (proposição) na prática. Se retornar aos relatos apresentados sobre pesquisa quantitativa e qualitativa, obterá uma das aproximações. Opera-se com variáveis multidimensionais partindo da realidade, ou melhor, da percepção da realidade. A seguir, composições com essas visões vão se estabelecendo em certa direção. Alguns prefixos podem ajudar: intra (identificar forças na realidade, no mundo real), extra (verificar como essas forças se manifestam, mesmo aceitando que estamos num mundo em que as incertezas estão presentes), inter (combinações entre os mais diferentes processos), trans (movimento construtivo no tempo), multi (em várias direções e paradoxalmente em certa direção). O ensaio de Doreen Massey (2008), ganhadora do Nobel de Geografia, tem um excelente ensaio intitulado *Pelo espaço* (*For space*), que pode ajudar o gestor de projetos. Se o que está sendo destacado aqui é a possibilidade de maior exploração dos percursos, então podemos fazer uma ligeira mudança para atingir nossos objetivos e denominar esse enfoque de *Life movement* (*For time*).

Na Figura 4.19 uma das **representações** sobre a abordagem transevolutiva que pode contribuir para seu entendimento.

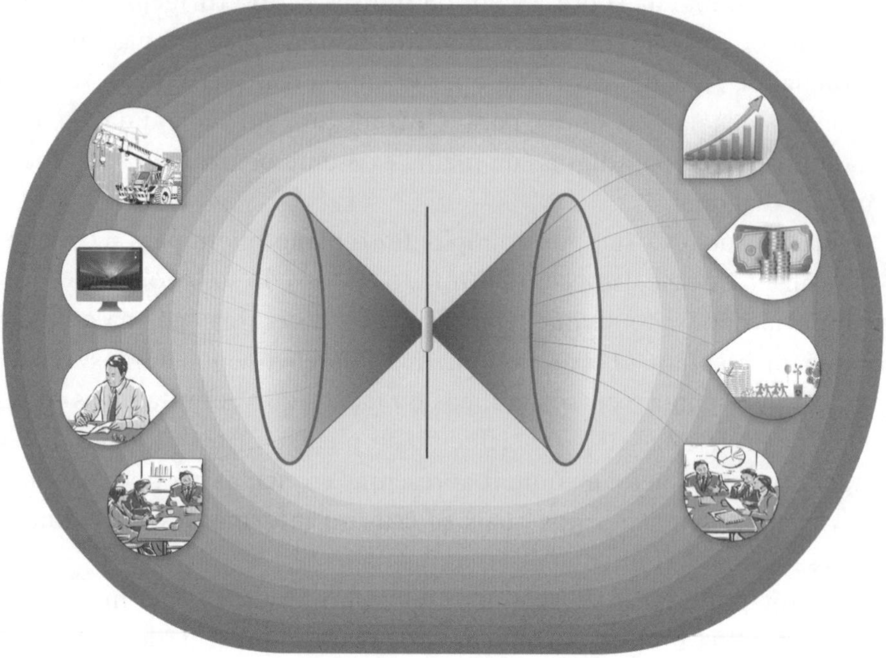

**FIGURA 4.20** Esboços gráficos/cenográficos da abordagem transevolutiva.

Algumas *metáforas* também podem ajudar na compreensão dessa proposição de trabalho, de pesquisa.

Imagem de fluxo de um cardume de sardinhas ou bando de pássaros. Na mesma linha, o fluxo de um rio, de uma procissão, de uma passeata (locomoção, trajeto, movimento, percurso, direção etc.).

Um elevador panorâmico com visão de 360º (visão horizontal, vertical, de cima, de baixo etc.).

A boneca russa na qual uma está dentro da outra (inclusão, tamanho).

Exposição de arte em andares diferentes com trajetos pelos corredores distintos (o sujeito se movimenta e se posiciona).

Libertar a vida, através da quarta dimensão, ativa capacidades diversas que podem ser integradas e alinhadas "como se" (metáfora) saíssemos das muitas prisões do cotidiano e ingressássemos em um mundo expandido no qual a condução realizada pela transversal possibilita a liberdade, a libertação para maneiras de ser, saber, sentir, fazer e ter com mais consideração e reconhecimento.

Um esquema de pesca em que o barco sai de um local, pesca, processa, faz a embalagem, empacotamento e entrega num destino (conjunto de processos em transformação numa trajetória).

Uma animação na qual um ponto se transforma em círculo, esfera e cilindro. Dois cones fazem parte desse cilindro. Ora ocorre convergência, ora divergência. Em alguns momentos, uma curva surge nesse mundo gráfico em forma côncava e, em outros, na forma convexa. Camadas se sobrepõem a esse mundo na vertical, na horizontal e na diagonal. Ora um navegante e sua embarcação estão dentro, ora fora desse mundo. As velocidades e acelerações de seres vivos e não vivos estão em conexão nessa dinâmica complexa. É como estar numa travessia terrestre, aérea ou náutica. É preciso movimentar-se, mas isso implica conhecer escala, orientação, localização, encontros e desencontros. Em alguns momentos há o sentimento de que o controle da situação está presente e, em outros, há a desordem, a incerteza. Nos passos dados nesse mundo, nesse projeto, é preciso fixar-se no presente, no momento, na atividade que está acontecendo como evento. Métodos, técnicas e ferramentas são bem-vindas desde que usadas com inteligência, adequação e flexibilidade ao momento. Desenhos e fotografias, colagem, imagens, impressões, texturas e registros usando materiais diversos apoiam as experiências dos líderes no planejamento e execução do projeto. Modelos tridimensionais construídos no espaço, como maquetes, protótipos e instalações, físicos ou digitais, apoiam as comunicações entre pessoas, entre partes interessadas. Representação com fluxos, uso de vetores e setas sinalizam o território a explorar, a conhecer. Os habitantes desse mundo em movimento, onde vida e trabalho se confundem, têm uma noção de que saber caminhar por contextos com graduações diferentes de incerteza, complexidade e ritmo pode fazer grande diferença no alcance de resultados. Resultados que podem ser bem-estar individual e social, retorno financeiro, destaque da marca, criação de demandas, cooperação em rede que ultrapassa a concorrência. Acreditando que existe potencial para ser atualizado, a riqueza do projeto amplia-se em todas as suas dimensões.

## 4.6 DIÁLOGO DA ABORDAGEM TRANSEVOLUTIVA COM OUTROS AUTORES

Faço um breve comentário sobre algumas obras pelo fato de elas terem correspondência quanto ao conteúdo e/ou forma com a abordagem apresentada nesta obra.

ALBRECHT, K. *Inteligência prática: arte e ciência do bom senso*. São Paulo: M. Books, 2008.

Aborda oito tipos de pensamento, de maneira a integrar formas de pensar contrárias e práticas de aplicação. As atividades a serem executadas no desenvolvimento de um projeto requerem em suas várias etapas a capacidade de trânsito entre uma forma de pensar e outra em benefício tanto do processo quanto dos resultados do empreendimento.

BRABANDERE, L. *O lado oculto das mudanças: a verdadeira inovação requer mudança de percepção.* Rio de Janeiro: Campus, 2006.

O autor integra filosofia, gestão e psicologia para apresentar um tratamento integrado da criatividade e inovação na concepção de algo novo. Mostra interessante formulação no exercício da imaginação para dar saltos na direção do novo, diferente e impactante. Diferentemente das técnicas de criatividade, apresenta uma equação com base na perplexidade e no questionamento. Defende a tese de que ser surpreendido pela presença ou ausência de algo que se desdobra em quatro modalidades pode provocar saltos na percepção, no pensamento e no comportamento.

GARDNER, H. *Mentes que mudam: a arte e a ciência de mudar as nossas ideias e a dos outros*. Rio de Janeiro: Artmed, 2005.

O criador das inteligências múltiplas faz uma revisão das nove formas de pensamento, ampliando sua pesquisa para sete maneiras de representar conteúdos ao se fazer uma comunicação, uma apresentação. Formas de pensar, codificar e decodificar informações são importantes na comunicação e captação das mesmas pelo receptor. Termos importantes, como redescrição representacional e ressonância, dentre alguns desenvolvidos pelo autor, devem ser considerados na mudança de mentes por meio de criações artísticas.

GIBSON, R et al. *Inovação prioridade número 1: o caminho para transformações nas organizações*. Rio de Janeiro: Campus, 2008.
Um dos livros de destaque sobre inovação, de acordo com a Livraria Amazon. Aspectos representacionais, como arquitetura da inovação e modelos gráficos de convergência e divergência, apoiam formas de criar e inovar quanto a produtos e serviços.

JOHANSSON, F. *Efeito Médici: como realizar descobertas revolucionárias na interseção de ideias, conceitos e culturas*. Best Seller, 2008.
O autor apresenta o argumento principal de que as inovações de destaque ocorrem na interseção entre campos. Apresenta uma metodologia de como os inovadores podem se articular entre campos e no desenvolvimento do projeto.

KORSBERG, K. et al. *Visualizing project management: a model for business and technical success*. New York: John Wiley, 2000.
Fruto de muitos trabalhos de consultoria em gerenciamento de projetos, o livro apresenta uma abordagem original. Apresenta um modelo gráfico em que se articulam 14 princípios de administração que servem de apoio, três percursos a serem executados e uma fundamentação dual. Esse modelo é concebido no espaço e no tempo, permitindo assim conjugar vários aspectos em estruturas, vários movimentos numa dinâmica de percurso, com base sólida e na busca da agregação de valores.

LUPTON, E. et al. *Novos fundamentos do design*. São Paulo: Cosac Naify, 2008.
Com base em sua experiência como educadora e pesquisadora da contribuição da escola de Bauhaus, encoraja os leitores a experimentar a linguagem visual do design através de operações de análise da forma, do material e de um método aberto. Elementos e fenômenos com ponto, linha, plano, ritmo, equilíbrio, escala, cor, textura, enquadramento, hierarquia, camadas, transparência, modularidade, *grid*, padronagem, diagrama, tempo e movimento, regras e acasos, figura e fundo são os modos de operar na invenção das formas. Com o avanço, nestes últimos anos, dos livros sobre design nos negócios, esse livro pode apresentar uma versão diferente dos demais por operar mais com propriedades gráficas do que com visualização.

MARTIN, Roger. *Integração de ideias: como usar as diferenças para potencializar resultados*. Rio de Janeiro: Campus, 2008.

O autor critica o processo de escolha de algo que implica abrir mão de outra (*trade-off*) para propor a metodologia do pensamento integrador. O processo de pensar e decidir é baseado em quatro etapas, culminando com resolução criativa numa abordagem dinâmica e tendo como apoio três ferramentas componentes do sistema de conhecimento pessoal. Um dos destaques do livro pode ser considerado o resgate das três lógicas - dedutiva, indutiva e abdutiva - da obra de Charles Peirce, mostrando a importância e as formas de utilização da última para se criar e inovar.

MASSEY, D. *Pelo espaço: uma nova política da espacialidade*. Rio de Janeiro: Bertrand Brasil, 2008.

Esse ensaio parte de vários campos do conhecimento, como arte, filosofia, política, história, geografia e outros, para apresentar uma proposta de espacialidade baseada em três princípios. É interessante notar que em suas proposições espaço e tempo integram dimensões tão importantes para se refletir sobre a libertação, a imaginação humana. É um livro com certa complexidade, mas tive muitos *insights* ao lê-lo quanto às condições operantes de forças na proposição da configuração do acontecer, do campo espaço-temporal e de projetos.

ONFRAY, M. *Teoria da viagem: poética da geografia*. Porto Alegre: L&PM Editores, 2009.

Informações divulgadas na mídia informam que esse autor, com mais de 20 livros publicados, é o filósofo vivo mais lido atualmente. Sua teoria da viagem mostra a sequência e os meios que a tornam possível. Essa teoria e suas práticas podem ser percebidas como metáfora de um projeto. Livro sedutor, cujo sumário se apresenta assim: entrada (querer a viagem), antes (escolher uma destinação, habitar o entremeio), durante (realizar a amizade, organizar a memória, inventar a inocência, deparar com a subjetividade), entremeio II (reencontrar um lugar), depois (cristalizar uma versão, dizer o mundo) e, finalmente, considerar uma continuação. Aborda dois modos de ser no mundo através dos nômades e dos sedentários. No fundo, é um livro que fala da vida.

TALEB, N. *Antifrafile things that gain from disorder*. Random House, 2012.
Argumenta sobre as propriedades que estão por trás dos processos que mudam com o tempo, como evolução, cultura, ideias, sistemas políticos, inovações tecnológicas, desenvolvimento cultural e econômico, evolução das organizações e muitos outros. A obra apresenta um mapa sobre tipos de exposição, variando da fragilidade, robustez e antifrágil, com cruzamentos com dezenas de parâmetros das mais diferentes esferas da vida, do conhecimento. Outro livro de destaque do autor é *A lógica do cisne negro: o impacto do altamente imponderavável* (BestSeller 2008). Reconheço que é uma das importantes fontes de minha pesquisa sobre evolução.

WARE, C. *Visual thinking for design*. Elsevier/Morgan Kaufmann, 2008.
Autor conhecido pelos seus trabalhos em visualização das informações, apresenta nesse livro as contribuições da neurociência aplicada ao pensamento visual e suas implicações para o design. Esse tratamento da informação pela visão e pelo cérebro na relação do sujeito com objetos e contextos é importante por mostrar a natureza dos processos visuais, espaciais e cinestésicos, e suas consequências, por exemplo, para quem faz ou ensina com base em meios gráficos, como desenho, mapa, diagramas, figuras, croquis, grades etc.

ZEVI, B. *Saber ver a arquitetura*. São Paulo: Martins Fontes, 2009.
Seu principal argumento é que a arquitetura tem como essência o espaço interno e apresenta uma interpretação espacial em três aspectos que reúnem as várias interpretações da arquitetura. O espaço como protagonista e a representação do espaço facilitam o esclarecimento e a compreensão das abordagens em arquitetura. Há figuras muito inspiradoras que permitem entender o sistema gente num dado espaço, num dado tempo. Essas figuras, há tempos, servem de inspiração nessa proposta de transevolução. Recomendo a figura 35 (p. 263), que explora a conquista de um espaço humanizado, e a figura 36 (p. 264), que explora a quarta dimensão, ou seja, o tempo. Finalmente, a figura 37 (p. 265) explora as relações entre o sujeito e seus hábitats, destacando o ponto de vista do observador.

# Anexos

ANEXO A

# Modelos de referência na gestão de processos e projetos

## O papel das representações nas práticas de trabalho em administração e negócios[1]

### A.1 INTRODUÇÃO

O objetivo aqui é apresentar uma visão crítica e revisões teórico-conceituais que estimulam a percepção, a reflexão e a prática sobre geração, valor e uso de modelos de referência como abordagem aproximativa mais do que normativa, rígida. Isso significa que ele pode estimular pesquisadores, educadores e profissionais a imaginarem possíveis encaminhamentos aos seus desafios em proposições pedagógicas ou em trabalhos profissionais (mercado). Explora o valor e o uso de modelos de referência na perspectiva das representações e suas relações com processos e projetos em Administração e Negócios e aponta o campo da Arquitetura e Design com potencial gráfico para apoiar a criação de modelos de referência.

A relevância temática está orientada para a compreensão, a concepção e o desenvolvimento das disciplinas de gestão de processo e gerenciamento de projetos apoiados em modelos que representem a realidade projetada e apontem práticas que facilitem o entendimento, o planejamento e a execução de ações nas organizações.

---

[1] O objetivo deste anexo é ampliar e ilustrar o conceito da transevolução apresentado pelo autor ao longo dos capítulos anteriores. O texto explora o valor e o uso de modelos de referência na perspectiva das representações e suas relações com processos e projetos em Administração e Negócios e procura integrar a abordagem teórica com o estudo de caso para mostrar suas interseções.

Modelos de referência estão presentes na literatura de gestão de processo e de projetos. Suas nomeações variam – mapas, diagramas, figuras, esquemas – e possuem suas lógicas baseadas em teorias da administração, organização, engenharia, tecnologia da informação e afins.

> A palavra modelo, derivada do latim *modulus*, conduz a molde, forma e, embora utilizada em diferentes contextos e significados diferenciados, implica de algum modo a ideia de organização e ordenamento de partes que compõem um conjunto. Assim, em linguagem simples [...] definir modelo como aquilo que serve de exemplo ou norma em determinada situação. (p. 18 e 19, Ferreira, 2006)

Dentre muitas abordagens destacam-se a visão sistêmica, que opera com entradas-processos-saídas, e a teoria contingencial, que valoriza a complexidade, a novidade, o ritmo e a incerteza quando se trabalha com processos e projetos nas organizações.

Alguns autores apresentam uma classificação de modelos de gestão que marcaram a história da administração. Mesmo havendo uma diversidade de referências, esses modelos podem ser classificados quanto a parâmetros como estratégia, organização, processo fundamental, processos funcionais e pessoas/comportamentos (Have, 2005).

Modelos de referência podem ser divididos em orientadores, prescritivos e instrumentais. Cada um deles possui dois aspectos: projetado (planejado) e executado (realizado), conforme PAIM (p. 201, 2009). De acordo com o autor, os modelos apoiam essencialmente processos. Gestão de processos é entendida como um conjunto articulado de tarefas permanentes para projetar e promover o funcionamento e o aprendizado sobre os processos. Esse movimento destaca a importância dos fluxos numa organização (horizontal/transversal) tendo o cliente como destaque. A estrutura organizacional (silos) deve operar em sintonia com o gerenciamento dos processos em suas várias fases.

Exemplos de modelos de acordo com PAIM:

**Orientativos**

- Projetados: manual, políticas e diretrizes
- Realizados: certificação, decisões e comportamentos

**Prescritivos**

- Projetados: fluxogramas, organogramas, procedimentos
- Realizados: desempenho em conformidade com regras e normas

**Instrumentais**

- Projetados: instruções, telas, formulários
- Realizados: preenchimento, uso e guarda

Busca-se com esses modelos referenciar pessoas e partes interessadas a entenderem, planejarem, executarem, monitorarem e avaliarem desempenhos e resultados nas organizações quanto a estratégias, tecnologia, cultura, estrutura, processos, projetos, nos projetos e outras dimensões das empresas.

Fettke, Loops e Zwicker identificaram e classificaram 30 modelos de referências. Alguns deles são orientados para melhores práticas de gestão e execução como, por exemplo, SCOR (*Supply Chain Operation Reference Model*), ITIL (*Information Tecnology Infrastructure Library*). Outros são mais orientados para a execução de tarefas, como *SAP R/3 Reference Model, Baan Reference Models.*

Esses modelos podem ser entendidos, de maneira geral, como reduções de uma dada realidade. O recorte desse trabalho destaca modelos de referência essencialmente em processos e projetos. Exemplifica modos de operar em gestão de processos (*Business Process Management*), explorando suas linguagens para representar. Estende a utilização dessa ferramenta, que é o modelo de referência para outro campo: gerenciamento de projetos (*Project Management*). Nesse território, também se faz uso de vários meios de representação: textos, gráficos, tabelas, diagramas etc. Os recursos gráficos podem ser considerados modelos de referências pelo fato de apoiarem e servirem de *framework*, *workflow* das várias dimensões e etapas envolvidas num projeto em dado contexto.

O campo das representações, do imaginário e da tecnologia em arquitetura e design pode dar contribuições relevantes à modelagem dessas referências pelo fato de possuir conhecimentos e práticas no uso do espaço em processos de projetos. Uma investigação que opere na interseção entre o campo da arquitetura e da administração pode potencializar novas questões e novas respostas quanto a modelos. Modelos que, em vez de serem limitados a referências, sejam aproximações e aberturas para investigações inovadoras no campo acadêmico ou profissional. Essa perspectiva metodológica crítica e inovadora de trabalho futuro envolve questões, práticas e abordagens teórico-conceituais que podem apoiar projetos futuros de pesquisa no campo da representação.

Este trabalho abre possibilidades de discussão sobre um posicionamento metodológico ao colocar em pauta a potencialidade das representações enquanto linguagem e meio entre mundos (subjetivo e objetivo, memória e imaginação, projeção e realização etc.).

A seguir são apresentados dois campos do conhecimento em administração e negócios: gestão de processos e gerenciamento de projetos.

## A.2 ABORDAGEM *BUSINESS PROCESS MANAGEMENT* (GESTÃO DE PROCESSOS)

Uma metodologia de grande repercussão no mundo e no Brasil chama-se BPM (*Business Process Management*). A nomenclatura utilizada no Brasil é Gerenciamento de Processos de Negócio. Nessa abordagem há uma integração básica entre gestão de negócios e tecnologia da informação, visando à otimização de resultados organizacionais por meio da melhoria dos processos de negócios. Essa metodologia permite analisar, modelar, publicar, otimizar e controlar processos de negócios da organização.

Essa abordagem se desdobra em fases (ciclos) que se sucedem no tempo: estratégia, desenho de processos, implementação e processos e controle de processos. A distinção básica entre processo e projetos é que o primeiro é gerenciado continuamente no tempo, visando melhorias e ajustes, enquanto o segundo é temporário, ou seja, tem começo, meio e fim. O primeiro tem como base os procedimentos de como a empresa opera nas suas várias dimensões organizacionais e alinhada com o cliente, enquanto o segundo é uma projeção para o futuro que se desenvolve através de um conjunto de fases. Essa metodologia de forma explícita, diferentemente do gerenciamento de projetos, a ser abordado a seguir, trabalha com linguagem para mapear e gerenciar processos de negócios (fonte: *Manual de Governança Corporativa da Empresa de Energia*, consultada em agosto de 2012).

Algumas siglas utilizadas por organizações internacionais dão uma visão e relevância evolutiva do papel da linguagem, das representações no mapeamento e gerenciamento de processos.[2]

A *Bussiness Process Management Initiative* (BPMI.org) define especificações, tais como:

- *BPMN, Business Process Modeling Notation,* que propõe linguagem e simbologia padrões para a modelagem de processos de negócio.
- *BPML, Business Process Modeling Language* – linguagem-padrão para softwares de gestão de processos e para geração de interfaces (na troca de informações entre eles).
- *BPEL, Business Process Execution Language*: linguagem de função similar à BPML, porém tem sido mais adotada como padrão de mercado.

Em junho de 2005, o BPMI.org anunciou uma fusão com o OMG.org (Object Management Group) para as iniciativas conjuntas em padronização de "processos".

É importante dar mais informações sobre notações e linguagem. Assim:

- *BPMN, Business Process Modeling Notation*: notação gráfica criada pelo BPMI, cujo objetivo principal, através da representação dos processos em diagramas específicos, é ser intuitiva e ser compreendida, tanto pelos executivos de negócio quanto pelos desenvolvedores responsáveis por implementar a tecnologia que vai suportar esses processos, além das demais pessoas que vão monitorar.
- *BPML, Business Process Modeling Language*: linguagem criada pelo BPMI, que sugere um modelo simplificado, bem como sintaxe XML, para desenvolvimento de softwares de gestão de processos, representá-los, bem como fazer a sua implementação e gestão. O uso é também sugerido para a definição de sistemas baseados e operáveis no ambiente Web. Essa linguagem é também destinada ao uso como

---

[2] *Business Process Management Initiative* (BPMI.org): organização independente dedicada ao desenvolvimento de especificação para o gerenciamento de processos de negócio.

padrão de troca de informação entre softwares de gestão de processos, padronizando portanto a interface.

É importante observar a gramática (sintaxe) utilizada nessa abordagem, tanto do ponto de vista semântico quanto como código gráfico (Figuras A.1 a A.3).

| OBJETO | DESCRIÇÃO | FIGURA |
|---|---|---|
| Eventos | São elementos que representam os acontecimentos durante o andamento do processo de negócio. Os ventos afetam o fluxo do processo por terem uma causa (trigger) e uma consequência (result). |  |
| Atividades | São as tarefas executadas em um processo de negócio. Elas podem ser atômicas, quando ocorrem isoladas de outras atividades, ou não atômicas, quando ocorrem em conjunto com outras atividades. As tarefas representam as etapas de um processo e as subtarefas representam as etapas de um subprocesso. | 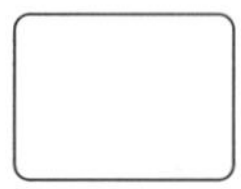 |
| Gateway | São elementos usados para o controle de divergências, quando ocorre divisão do fluxo, e da convergência, quando ocorre a junção do fluxo. | 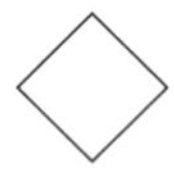 |

**FIGURA A.1** Gramática (semântica, código gráfico).

| OBJETO | DESCRIÇÃO | FIGURA |
|---|---|---|
| Objeto de Dados | São elementos requeridos ou produzidos por atividades, conectados às mesmas por meio de associações | 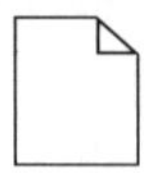 |
| Grupo | É um elemento cuja finalidade é a de documentação ou análise. |  |
| Anotações | Elemento usado para adicionar informações complementares aos leitores do diagrama. | 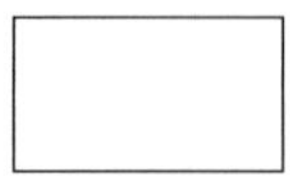 |

**FIGURA A.2** Gramática (semântica, código gráfico).

| OBJETO | DESCRIÇÃO | FIGURA |
|---|---|---|
| Pool | Representa a organização em si. O Pool atua como contêiner gráfico, onde são desenhados os elementos representativos das atividades dos processos da organização. | 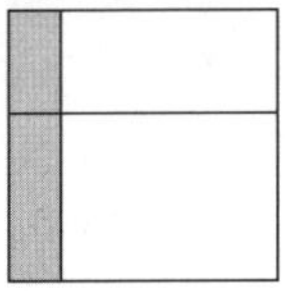 |
| Lane | São as subdivisões de um Pool, usadas para organizar e categorizar as atividades do processo. Os Lanes podem representar os departamentos ou funcionalidades pertinentes à organização. | 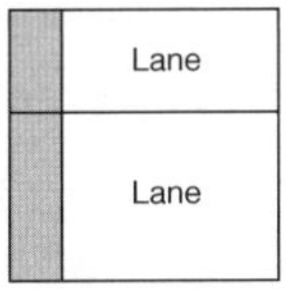 |

**FIGURA A.3** Gramática (semântica, código gráfico).

Essas figuras mostram o campo propriamente gráfico e há a dimensão meta em cena: uma tabela que mostra representações: a representação da representação.

Fonte das descrições das siglas utilizadas por organizações internacionais e pelas Figuras A.1 a A.3: Insadi (Instituto Avançado de Desenvolvimento Intelectual), material do curso.

Há uma grande rede de profissionais nesse segmento, assim como literatura nacional e internacional, empresas de consultoria, e também instituições educacionais que oferecem especialização nesse campo chamado BPM.

A linguagem utilizada nessa abordagem tem uma riqueza de designs gráficos que permitem o mapeamento de processos. Além disso, faz intenso uso da tecnologia, especialmente softwares. Profissionais de tecnologia da informação com orientação para negócios são os mais comuns nas equipes de trabalho.

## A.3 ABORDAGEM PROJECT MANAGEMENT (GERENCIAMENTO DE PROJETOS)

Estabelecido em 1969 e sediado na Filadélfia, Pensilvânia, Estados Unidos, o Project Management Institute (PMI®) é a principal associação mundial sem fins lucrativos em gerenciamento de projetos, atualmente com mais de 500.000 associados em 185 países.

Os associados do PMI® são indivíduos praticando e estudando o gerenciamento de projeto nas mais diversas áreas, como aeroespacial, automobilística, administração, construção, engenharia, serviços financeiros, tecnologia da informação, farmacêutica e telecomunicações.

Com o passar do tempo, o PMI® se tornou, e continua sendo, a principal associação profissional em gerenciamento de projetos. Os associados e interessados em gerenciamento de projetos têm à sua disposição uma extensa relação de produtos e serviços oferecidos pelo PMI®.

O PMI® ocupa uma posição de liderança global no desenvolvimento de padrões para a prática da profissão de gerenciamento de projetos em todo o mundo. O principal documento-padrão do PMI®, *A Guide to the Project Management Body of Knowledge* (*PMBOK® Guide*), é um padrão globalmente reconhecido para o gerenciamento de projetos nos mercados de hoje. O *PMBOK® Guide* é aprovado como um padrão nacional americano (ANS) pelo instituto norte-americano de padrões (ANSI). O PMI® está compromissado com a expansão e a melhoria contínua do *PMBOK® Guide*, assim como com o desenvolvimento de padrões adicionais (<http://www.pmisp.org.br/institucional/pmi/o-instituto>, acessado em 10/1/2013).

Com base no *Guia PMBOK®* escolheu-se uma obra nesse campo na qual os autores destacam a visualização, o vocabulário, o modelo, uma proposição diferenciada na literatura de gerenciamento de projetos.

Alguns aspectos se destacam na obra *Visualizing Project Management: a model for business and technical sucess*, de Forsberg, Mooz e Cotterman, em especial as representações gráficas. Os autores fazem uso do *Guia PMBOK®* como fundamento do gerenciamento de projetos e procuram dar um tratamento multidimensional aos aspectos que envolvem esse gerenciamento.

Um dos destaques dessa obra diz respeito à definição de termos no início (p. 17-18) e não em um glossário no fim do livro como anexo para consulta. Os termos de destaque são estes:

*Analogia* (*analogy*): uma comparação baseada em similaridade entre coisas.

*Construto* (*construct*): uma concepção, modelo ou ideia esquemática. Uma ideia ou imagem concreta.

*Desenho/retrato* (*depict*): representar uma pintura ou escultura. Representar em palavras; descrever. Percebe-se aqui uma diferença com a arquitetura, que retomaremos mais adiante.

*Estrutura* (*structure*): alguma coisa composta de um número de partes que são colocadas juntas de um modo particular. O modo pelo qual as partes são arranjadas ou colocadas juntas para formar um todo. A inter-relação ou arranjo das partes em uma entidade complexa.

*Intuição* (*intuition*): o ato ou a faculdade de conhecer sem o uso de processos racionais, cognição imediata. Aquisição de conhecimento por essa habilidade; um *insight* perceptivo.

*Mapa* (*map*): alguma coisa que representa com claridade (gráfico).

*Metáfora* (*metaphor*): uma figura de linguagem pela qual uma palavra ou frase que designa ordinariamente uma coisa é usada para designar outras, fazendo uma comparação implícita. Uma coisa concebida como representando outra: um símbolo.

*Modelo* (*model*): uma descrição sistemática de um sistema, teoria ou fenômeno que explica por conhecimentos ou propriedades inferidas e pode ser usada para além dos estudos de suas características. Pode ser sinônimo de representação. Na arquitetura, tanto um texto quanto uma fotografia são modelos.

*Paradigma (paradigma)*: um exemplo que serve como padrão ou modelo.

*Processo* (*process*): uma série de ações, mudanças ou funções que trazem um resultado.

*Relacionamento* (*relationship*): uma associação lógica ou natural entre duas ou mais coisas: conexão. O modo como uma coisa ou pessoa é conectado com outra.

*Sistema* (*system*): um grupo de interações, inter-relacionadas. Um conjunto de objetos ou fenômenos reunidos por classificação e análise. Um método organizado e coordenado; um procedimento.

Esse conjunto de termos-chave está colocado como um dos quatro fatores importantes em cada projeto. A gestão de projetos pode ser entendida como um processo de planejamento, aplicação e controle que faz uso de recursos físicos, humanos e orçamentários para atingir um resultado específico. Projetos são únicos e temporários, ou seja, têm inicio, meio e fim.

Constata-se, pelos termos, que Forsberg trata de gerenciamento de projetos com visão sistêmica. Apresentamos uma imagem para ilustrar isso (Figura A.4).

**FIGURA A.4** O gestor de projetos como um regente (Forsberg *et al.*, 2000, p.20).

Essa imagem faz uso de metáfora e relaciona o gestor de projeto como um maestro de orquestra. Cada músico domina um instrumento específico. A harmonia se dá pela conjugação das notas, dos arranjos, dos diversos tipos de instrumentos gerando a música, que tem como base a notação musical materializada na partitura. Essencialmente, a proposta dos autores nessa imagem é mostrar que cada membro tem seu desempenho solo, mas todos estão a trabalho da equipe (*teamwork*) com a produção musical. Nesse contexto, o papel do gerente como orquestrador de multiplicidades é fundamental. Na arquitetura também se faz essa analogia entre arquiteto e maestro.

Para ampliar o valor e o impacto da visão sistêmica, os autores oferecem uma imagem do que entendem por pensamento sistêmico. Nesse momento está sendo realizada uma correspondência entre gerenciamento de projetos e psicologia quanto ao modo de operação cognitiva frente ao contexto, a situação imaginada, a realidade concreta (Figura A.5).

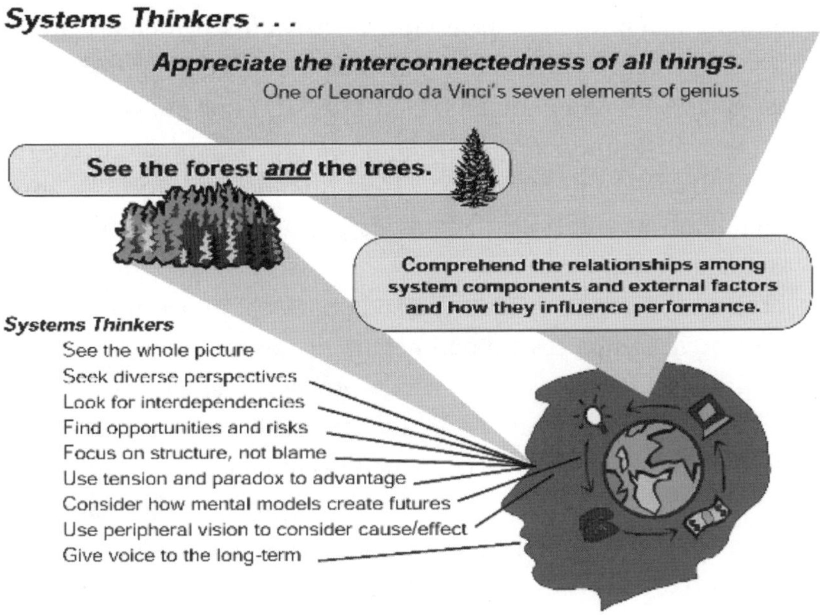


**FIGURA A.5** Relação entre pensamento sistêmico e realidade (Forsberg *et al.*, 2005, p.9).

Forsberg afirma essencialmente que o pensamento orientado para sistemas foca relacionamentos, produções múltiplas, holismo, fronteiras, ambiente, visão específica e ampla operando com o processo de feedback.

Com o objetivo de entender o papel das representações no modo de operar em projetos, toma-se como referência uma obra para conhecer, por exemplo, as razões pelas quais os autores descrevem as contribuições ao utilizarem um modelo de gestão de projetos. Forsberg afirma (p. 14-15) que os modelos:

- Ajudam a explicar como as coisas acontecem.
- Ampliam a nossa perspectiva.
- Proveem um quadro conceitual comum de referência.
- Podem expressar regras mais simplesmente.
- Clarificam relações, identificam elementos-chave e eliminam fatores confusos.
- Capacita-nos a visualizar *o grande quadro.*

O modelo sistêmico que apresenta os aspectos principais do gerenciamento de projetos pode ser visualizado através de algumas imagens (Figuras A.6 a A.8). São planos (1-D, 2-D e 3-D) nos quais são inseridos fatores-chave do mundo *Project Management*. Essa imagem *big picture* pode ser utilizada como referência visual quando os autores se aprofundam e detalham as múltiplas facetas da gestão em termos de métodos, técnicas, ferramentas etc.

Recorrem ao desenho (*depict*) da roda para compor o projeto de liderança com nove elementos do gerenciamento de projetos totalizando 10 elementos. Esses elementos, na verdade processos, se originam de visões mais tradicionais sobre organização, planejamento, controle, coordenação e comando. Expandem esses cinco princípios iniciais para 10 pelo fato de a gestão de projetos ser diferente da gestão de empresas. É diferente no sentido de que os projetos são temporários, com datas de início e fim definidos, objetivando criar um produto, serviços ou resultados específicos, e que são concluídos quando os objetivos e metas forem satisfeitos. A roda com seus raios forma um primeiro plano (Figura A.6).

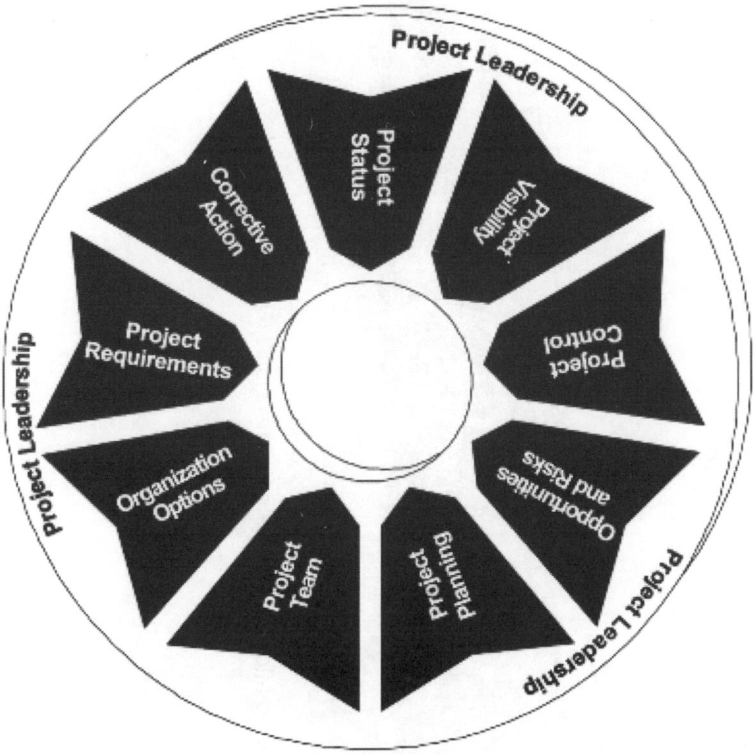


**FIGURA A.6** Aspectos da administração – gráfico de um objeto plano (Forsber *et al.*, 2000).

Forsberg concebe graficamente o tempo como uma seta da esquerda para a direita posicionando o ciclo do projeto como desenvolvimento evolutivo partindo do usuário, de seus requisitos e terminando com a desativação, que significa o término da jornada. Esse plano pode ser percebido como um fio condutor, uma espinha dorsal em que um passo precisa ser realizado antes de outro numa visão sistêmica e instrumentalizada por *input-process-output* para cada uma dessas fases. Essa via central possui três vias marginais que dialogam com a principal. Esses três aspectos que correm na paralela estão presentes em todos os projetos. São as dimensões técnicas, de orçamento e de negócios. Essas dimensões podem ser entendidas como componentes da natureza de todos os projetos (Figura A.7).

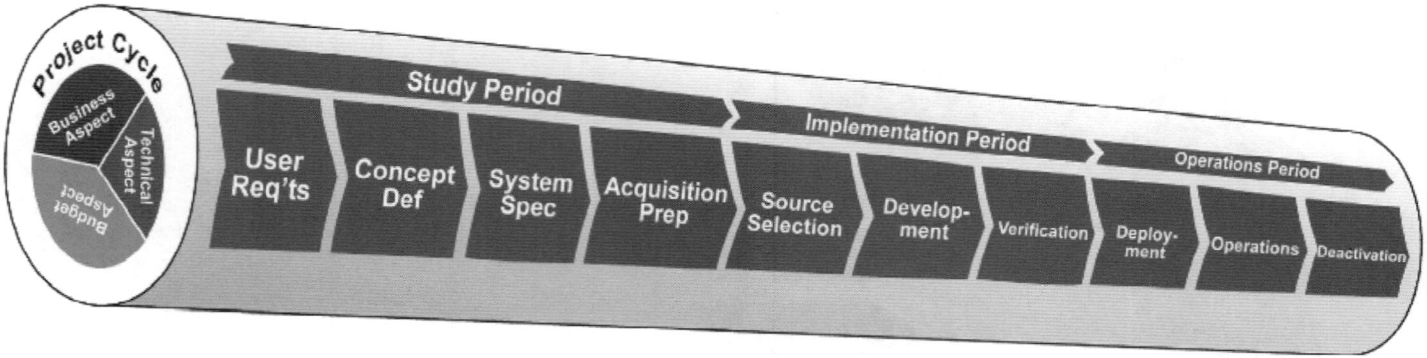


**FIGURA A.7** Ciclo de vida do projeto em três aspectos – gráfico de um objeto tridimensional (Forsberg *et al.*, 2000).

Na base, suportando toda essa estrutura e dinamismo, deve existir um vocabulário comum que permita as codificações e decodificações das informações, dando suporte a todo tipo de comunicação e relacionamento entre os envolvidos no projeto. Partes interessadas em um projeto são chamadas de *stakeholders*. Todo projeto precisa também ter como suporte equipes de trabalho que atuem de forma agregada com atividades e fins, de forma colaborativa e produtiva (Figura A.8).

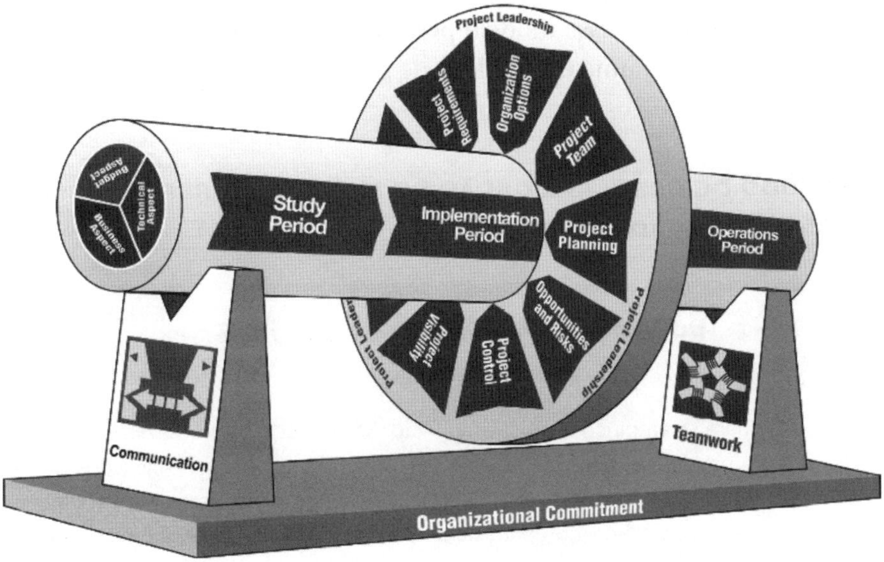


**FIGURA A.8** Composição com todos os elementos do projeto em uma abordagem estrutural (sincrônica), de gestão (diacrônica/longitudinal) e de suporte gráfico de um objeto tridimensional (Forsberg *et al.*, 2000).

Esse modelo de gerenciamento de projetos é chamado de ortogonal. O objetivo do modelo é reduzir a complexidade do campo de trabalho e mostrar de forma simplificada e reduzida a *big picture*. Embora a figura em perspectiva possa parecer mecânica, ela na verdade é dinâmica. Esse dinamismo envolve dimensões variadas, como pessoas, tempo, trabalho, riscos, qualidade, produtividade, cultura, organização, gestão, tecnologia, política, economia, estratégia e muitas outras, desenvolvidas na proposição desses autores através de detalhamentos e especificidades pelo uso de linguagens distintas com seus meios de codificação/decodificação (desenhos, tabelas, números, gráficos, metáforas, textos, fórmulas, equações, diagramas, organogramas, fluxogramas etc.).

O que pode ser colocado em pauta é que o papel das representações no processo projetual, de acordo com a proposição do trabalho de Forsberg, Mooz e Catterman, é essencialmente recorrer a uma multiplicidade de modos para descrever componentes, processos, projetos e suas relações em um ambiente complexo e dinâmico. O modelo é bidimensional na obra produzida pelos autores, sendo que a perspectiva se apresenta como um objeto tridimensional. Recorrem a esse modelo permitindo visualizar o gerenciamento de projetos através de uma diversidade de pontos de vistas e relações.

## A.4 ESTUDO DE CASO: APLICAÇÃO DE MODELO DE REFERÊNCIA EM ADMINISTRAÇÃO E NEGÓCIOS

### PROJETOS, ESTRATÉGIA E INOVAÇÃO[3]

**1. Objetivo**

O texto tem caráter empírico e mostra aspectos da metodologia e ferramentas utilizadas em um projeto de inovação, a qual tem valor direto para os envolvidos nesse projeto denominado Estratégias e Inovação. Esperam-se indiretamente melhores entregas de produtos e serviços para os clientes dos Meios Eletrônicos Interativos, assim como o atingimento do propósito de melhor preparar esse centro para os desafios do futuro.

**2. Caso – Meios Eletrônicos Interativos (MEI) do LSI-POLI-USP. Período: 2008 a 2010. Foco: Estratégias e Inovação**

O autor do presente artigo atuou como colaborador em um trabalho de consultoria, educação e *coaching* no Laboratório de Sistemas Integráveis, que possui um campo mais específico de atuação denominado MEI. Este último tem como principais áreas de atuação: tecnologias para a educação, certificação digital, sistemas de TV digital, saúde digital, realidade virtual e outras.

[3] Esse projeto foi desenvolvido nos Meios Eletrônicos Interativos (MEI) do Laboratório de Sistemas Integráveis (LSI) – POLI-USP.

O projeto criado por coordenador dos MEI e pelo consultor intitula-se Estratégias e Inovação, e tem como objetivo principal preparar esse centro de pesquisa e desenvolvimento do ponto de vista da organização, planejamento estratégico e recursos humanos para a sua evolução como referência em tecnologia para os desafios atuais e futuros. Os MEI desenvolvem projetos para diversos clientes com base no estado da arte de vários campos do conhecimento, em especial tecnologia digital. Esse projeto envolve diretamente 30 pessoas – gestores, doutores, mestres e pesquisadores. Algumas delas têm mais experiência no meio universitário, e outras, no meio empresarial. O projeto é operacionalizado através de reuniões com gestores e líderes, realização de seminários, sessões de coaching individual e grupal, produção de documentos e outras atividades.

### 3. Alguns aspectos teóricos e conceituais no campo da criatividade e inovação presentes nesse trabalho desenvolvido nos MEI

Várias linguagens e inteligências são utilizadas no decorrer dos trabalhos nos Meios Eletrônicos Interativos: linguística, lógica-matemática, visual-espacial-temporal, cinestésica, naturalista (distinguir padrões), interpessoal etc., conforme a teoria das inteligências múltiplas de Gardner (2005).

Estudos em gestão e psicologia mostram que as inovações em produtos têm mais chances de ocorrer na interação entre diferentes campos do conhecimento. Figuras gráficas oriundas da teoria dos conjuntos e da geometria espacial ilustram essa abordagem espacial colocando em destaque visual o ponto de interseção. Além disso, enfatiza-se o ciclo de etapas necessário para construir passo a passo a obra projetada. Percebe-se, assim, o valor de uma referência como a arquitetura da inovação em uma abordagem sincrônica, espacial e visual tão bem desenvolvida na proposta de Martin (2008) e Johansson (2008). Constata-se nessa abordagem teórica conceitual que a linguagem, o pensamento, a representação são importantes recursos no processo de criação, inovação, comunicação, aprendizagem etc. Em poucas palavras, podemos afirmar que um diagrama, um mapa, uma figura podem ser considerados ferramentas importantes numa metodologia de trabalho que se propõe a criar as condições favoráveis para que a produção e a disseminação de algo inovador ocorra.

### 4. Integrando teoria e prática – MEI

O papel da representação espacial se manifesta em um dos momentos do projeto ao se utilizarem três *flip-charts* colocados na frente da sala, com cada um simbolizando momentos dos tempo – o passado, o presente e o futuro. Informações das discussões ocorridas naquele momento com os envolvidos no projeto são posicionadas nesses territórios temporais.

Vetores são desenhados num campo de forças, mostrando o fluxo dos acontecimentos no tempo e no espaço; o uso da arquitetura da inovação, em que numa figura com três vetores se destacam as principais referências que devem ser consideradas ao se desenhar projetos, política, procedimentos etc.; *grids* são utilizados para distribuir e relacionar informações de vários domínios, como visão, missão, valores, objetivos, linhas de pesquisa, estratégias, plano de ação, métricas etc.; melhores práticas são utilizadas como, por exemplo, a técnica do desafio-criação--produção-exposição, em que os grupos precisam trazer uma contribuição concreta ao seminário quanto a estratégias de inovação. A utilização de várias linguagens e mídias permite estimular a criatividade, a inovação e a mudança, além de criar um clima de surpresas e de inesperado que contribui para o envolvimento real dos participantes nos projetos.

Há vários modelos de trabalho nesse projeto que fazem uso de uma abordagem gráfica e comportamental, no sentido de que a representação através de desenhos e diagramas facilita o entendimento, tanto de quem produz as mídias e mensagens quanto daqueles que as interpretam. É importante notar que nesse processo criativo destacam-se aspectos pessoais e grupais, e no processo inovador destacam-se informações sobre a realidade externa e as tendências relativas a C, T & I (ciência, tecnologia e inovação).

- **Ferramenta 1 – análise e formulação teórica.** Estará centrada no espaço, representação e invenção de formas, conforme apresentado na Figura A.9.

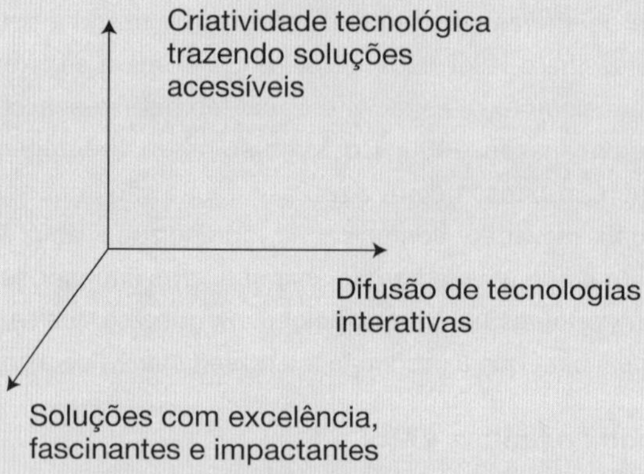


**FIGURA A.9** MEI-LSI – vetores de análise e formulação teóricos ligados à arquitetura da inovação.

Uma análise mais apurada da forma "arquitetura da inovação", do ponto de vista do espaço e da representação, mostra o papel dessa obra criada, produzida e utilizada por pessoas no contexto de um laboratório que tem como foco a inovação tecnológica. A arquitetura de inovação é um referencial construído para nortear uma organização em sua forma de operar interna e externamente. Mostra a necessidade desse recurso para orientar um trabalho, um percurso. Essa configuração é apresentada sob a forma gráfica e constituída por três vetores da arquitetura da inovação: (1) difusão de tecnologias interativas, (2) criatividade tecnológica trazendo soluções acessíveis e (3) soluções com excelência, fascinantes e impactantes. A descrição desses vetores é divulgada nos vários meios de comunicação interna do laboratório. Esse recurso deve ser criado e utilizado pelas pessoas de determinada organização servindo como um guia. É um radar essencial e sintético que explicita a forma singular de cada organização competir. Serve para orientar pensamentos, sentimentos e ações de pessoas, individualmente, em grupo ou coletivamente quanto ao tratamento de informações, decisões e desempenhos. Essa arquitetura precisa ser entendida por todos da empresa, visando facilitar a forma de operar internamente e na condução dos negócios. É importante notar que essa estrutura com esses três domínios serve de referência para muitas decisões, desde captação de projetos à entrega de produtos no mercado. O processo de criação e configuração da arquitetura da inovação para os MEI foi desenvolvido a partir de um seminário que ocorreu em Atibaia (SP), no final de 2008, e aprimorado com a participação e a validação da coordenação, gestores, pesquisadores e funcionários desse laboratório, durante o ano de 2009. A intenção é lançar oficialmente a arquitetura da inovação em 2011 para todos que trabalham nos MEI/LSITEC, visando ao entendimento e à utilização do mesmo nas atividades do dia a dia.

Essa arquitetura tem implicações práticas, como ser o ponto de referência para a elaboração de políticas e práticas (recursos humanos, comunicação, gestão de projetos, marcas e patentes etc.), de normas e procedimentos (captação de projetos), no planejamento de metas dos núcleos do laboratório e formas de avaliar resultados.

- **Ferramenta 2 – planejamento estratégico.** Essa arquitetura precisa ser entendida como uma ferramenta dentro de uma estrutura e alinhamento maior, que é o planejamento estratégico. Mapeia-se a correlação entre objetivos gerais e específicos escolhidos para os MEI e seus modos de operação (desafios, estratégias, metas, linhas de pesquisa etc.). Esse esforço estruturante e direcional permite olhar detalhes e olhar o todo, olhar aspectos históricos comparando presente e futuro. Todo esse mapeamento gráfico permite que as ações individuais, grupais e coletivas se articulem no tempo e no espaço, propiciando melhores resultados aos projetos e ao MEI como um todo.

A metodologia parte do que as pessoas já sabem individualmente e que está presente em suas memórias, para uma composição coletiva que expresse o código desse laboratório, cuja decodificação deve ser conhecida e praticada por todos. A prática metodológica é conduzida, assim, por modos de operar no desenvolvimento do projeto.

## 5. Arquitetura da inovação – aspectos de gestão envolvidos nesse diagrama

### 5.1. O que é

A utilização de algumas metáforas pode ajudar no entendimento inicial desse termo. Um regente precisa utilizar uma partitura para fazer o seu trabalho, assim como um navegador precisa de bússola para se orientar em sua trajetória. Essas metáforas mostram a necessidade desse recurso para orientar um trabalho, um percurso. Assim, a arquitetura de inovação é um referencial construído para nortear uma organização em sua forma de operar interna e externamente. Em geral, essa configuração é apresentada sob a forma gráfica.

### 5.2. Para que serve

Esse recurso deve ser criado e utilizado pelas pessoas de determinada organização servindo como guia. É um radar essencial e sintético que explicita a forma singular de cada organização competir.

Serve para orientar pensamentos, sentimentos e ações de pessoas, individualmente, em grupo ou coletivamente quanto ao tratamento de informações, decisões e desempenhos.

### 5.3. Que parâmetros apoiam essa estrutura da inovação

Essa estrutura nuclear é muito importante na evolução dos MEI e de todo o seu capital humano, tecnológico e cientifico, por ser uma referência ao pensamento, sentimento e ação de todos e pelo fato de esse modelo estar vinculado aos ambientes interno e externo. É importante perceber que essa arquitetura está inserida num contexto maior e apresenta várias funções e conexões como:

a. Espelhar os valores e princípios dos MEI, que fundamentam a cultura organizacional.
b. Fazer eco com a visão e a missão do MEI, que dão a direção, o alinhamento, a perspectiva futura da organização.
c. Ter relação com a estrutura organizacional e sistemas de informações e comunicações dos MEI, os quais oferecem suporte necessário para o exercício profissional por clarear funções, responsabilidades, disponibilizar informações e fluxos comunicacionais.
d. Ser uma referência para a criação, o desenvolvimento, a implantação e a avaliação de estratégias.

e. Ajudar a coordenação da organização por sinalizar as competências essenciais (*core*) dos MEI, assim como apoiar os gerentes de núcleos quanto à captação e ao desenvolvimento de projetos.
f. Estar em sintonia com a época, o que revela a importância do contexto, incluindo dimensões políticas, econômicas, socioculturais, educacionais, científicas, ambientais, legislativas e muitos outras em termos mundiais, nacionais, estaduais e regionais.
g. Ser um guia dos MEI/LSITEC na articulação dos seus vários recursos, visando a geração de resultados que satisfaçam a própria organização, seus clientes e a sociedade.

**5.4. Como a arquitetura pode e deve ser utilizada como modelo de referência**

O entendimento dessa arquitetura como referência nuclear aos trabalhos dos MEI norteia os mais diferentes trabalhos. Dentre muitas aplicações podemos citar: ser ponto de referência para a elaboração de políticas e práticas (recursos humanos, comunicação, gestão de projetos, marcas e patentes etc.), de normas e procedimentos (captação de projetos etc.), planejamento de metas dos núcleos e formas de avaliar resultados etc.).

Esse caso explora a estratégia e a como práticas tendo como mediação a representação em processos que lidam com pessoas e grupos integrando passado, presente e futuro, aspectos internos e externos à organização. Opera-se com representação em um campo vetorial que tem o papel de servir de referência, de modelo para guiar o comportamento de rotina ou de mudança.

*Nota*: Essa proposta de diagrama chamada de arquitetura de inovação teve importante papel na compreensão dos profissionais dessa organização por ser um modelos de referência para a compreensão dos aspectos-chave de estratégia, inovação e ação desse centro de pesquisa, projetos e práticas.

## A.5 CONSIDERAÇÕES FINAIS E PERSPECTIVAS FUTURAS

As duas abordagens apresentadas, gestão de processos e gerenciamento de projetos, são descritivas e prescritivas, e as representações têm um papel mais de 1) referência para melhor entendimento e atuação em projetos (gerenciamento de projetos) e 2) ferramenta de trabalho para operar com mapeamento e gestão de processos (gestão de processos).

Essas abordagens fazem proposições *a priori*, ou seja, apresentam um modelo de trabalho para as organizações, para a administração, para a prática em projetos, para a atuação com processos. Uma expressão muito comum no mercado é que essas abordagens engessam a organização, por operar com padrões, conformidades, regularidades, normas e regras, procedimentos sistemáticos e racionais visando assegurar a qualidade, a produtividade, os indicadores. Em outras palavras, operam essencialmente com a ordem e o controle. Mudanças tendem a ser vistas mais como algo que deve ser administrado e controlado do que como oportunidade para imaginar, criar, inovar, inventar etc. É como se esse controle assegurasse segurança e confiança.

Está havendo um crescimento na literatura de administração nos últimos anos que critica essa visão determinista, atribuindo em parte a criação de indústrias. Para dar um exemplo mais específico: a indústria da liderança, que coloca milhares de livros no mercado, propondo diferentes fórmulas para formar e desenvolver líderes. As duas primeiras abordagens fogem dessas tendências de mercado e trabalham com as comunidades (profissionais) de projetos e processos que estão no mercado. A atualizaçao do guia, por exemplo, o *Guia PMBOK®*, é feita com a colaboração de profissionais certificados internacionalmente pela entidade (PMI®) no mundo todo. Trabalham com certificações. Isso não significa que esses modelos de trabalho tenham sintonia com premissas que destacam a aleatoridade e as maneiras atuais de trabalhar cooperação, conflito, negociação, solução de problemas, liderança, equipes, comunicação, informação e representação, plataformas eletrônicas etc. Livros com a abordagem de sistemas dinâmicos onde não há solução prévia para aproximações para atuação em situações especificias estão surgindo no mercado, como o importante livro sobre resiliência de Zolli (2012). Relatórios, como o *Global Trends 2030: alternativas Worlds* (publicado em *O Estado de São Paulo* em 11 de janeiro de 2013, caderno A12) apontam na mesma direção, usando termos como multipolar, multiparcerias, incerteza etc. Retomando a questão visando esboçar uma linha de pesquisa: Quais e como novas linguagens, novos designs, novas representações, com apoio da tecnologia, podem contribuir para responder a essas novas realidades que requerem novos modos de operar em projetos, nos casos em que os conhecimentos, os eventos, os acordos, os arranjos estão para ser identificados e configurados?

As demais abordagens citadas anteriormente neste ensaio são exemplos de como as representações nos seus vários desdobramentos podem ter um potencial a ser explorado.

A retomada do questionamento principal se faz necessária para nortear os argumentos a seguir. Como uma proposição metodológica e instrumental (crítica e imaginativa) pode explorar melhor e diferentemente os meios de representação em um campo experiencial espaço-temporal que tenha implicações em inovações num mundo em transição em que a incerteza, o aleatório, a imprevisibilidade estejam presentes? Como trabalhar com novas linguagens e representação, com apoio do design e da arquitetura, pode apoiar formas de trabalhar em projetos, por exemplo, no campo da organização, da administração? Como esses campos podem interagir e estimular novas indagações, novas respostas que, na prática, contribuam para a formação de profissionais, para desenhos de projetos pedagógicos, para estratégias em programas de ensino e pesquisa?

Aqui estão delineadas algumas linhas provisórias do que poderia ser uma aproximação metodológica aos modos de operar novas realidades. Este trabalho abre, portanto, possibilidades de discussão sobre um posicionamento metodológico ao colocar em pauta a potencialidade das representações enquanto linguagem e meio entre os mundos subjetivo e objetivo, memória e imaginação, projeção e realização.

## Referências

FERREIRA VCP et al. *Modelos de gestão.* Rio de Janeiro: FGV, 2006.

FORSBERG K et al. *Visualizing Project Management: a model for business and technical success.* New York: John Wiley, 2000.

_____. *Models and framework for mastering complex systems*, 2005.

GARDNER H. *Mentes que mudam: a arte e a ciência de mudar as nossas ideias e a dos outros.* Rio de Janeiro: Artmed, 2005.

GIBSON R et al. *Inovação prioridade número 1: o caminho para transformações nas organizações.* Rio de Janeiro: Campus, 2008.

HAVE S. et al. Modelos de gestão: o que são e quando devem ser usados. São Paulo: Pearson, 2005.

JOHANSSON F. *Efeito Médici: como realizar descobertas revolucionárias na interseção de ideias, conceitos e culturas.* Best Seller, 2008.

MARTIN R. *Integração de ideias: como usar as diferenças para potencializar resultados.* Rio de Janeiro: Campus, 2008.

Insadi – Instituto Avançado de Desenvolvimento Intelectual. Manual de gerenciamento de processos de negócio.

PAIM R et al. Gestão de processos: pensar, agir e aprender. Porto Alegre: Bookman, 2009.

PMI – PROJECT MANAGEMENT INSTITUTE®. A guide to the project management body of knowledge. 5. ed. Guia PMBOK®, 2013.

ZOLLI A e HEALY AM. Adapte-se. Rio de Janeiro: Campus, 2012.

ANEXO B

# Relato de experiências marcantes sobre projetos, processos, gestão, competências e resultados

Estudo de caso em organização nacional: como desenvolver competências na empresa com escritório de projetos e processos – agente multiplicador como estratégia de mudança, colaboração e conquista de resultados.

## B.1 APRESENTAÇÃO DOS DADOS COLETADOS

A seguir apresentamos os dados demográficos e das entrevistas.

## B.2 DADOS DEMOGRÁFICOS E INFORMAÇÕES SOBRE AS ENTREVISTAS

*Tempo médio por entrevista*
1h26min (90 – 90 – 75 – 70 – 70 – 60 – 60)

*Gênero*
Mulheres – 4
Homens – 3

*Formação*
Administração – 3
Engenharia – 1
Geografia – 1
Psicologia – 2

*Função*
Superintendente do escritório
Gerente de qualidade
Gerente de gestão de pessoas
Analista de planejamento e processos – orientado para estratégia
Analista sênior de processo
Analista sênior de qualidade
Especialista em gestão de pessoas

*Tempo de empresa*
Média: 9 anos (27, 13, 8, 6, 5 , 4 , 3)
Mediana: 6 anos

## B.3 RESUMO DOS PRINCIPAIS TÓPICOS DAS ENTREVISTAS

### Entrevista 1

- GRADUAÇÃO EM ADMINISTRAÇAO
- SUPERINTENDENTE DO ESCRITÓRIO
- TEMPO: 90 minutos
- 8 ANOS NA EMPRESA

O escritório de processos e projetos foi idealizado na empresa há oito anos. O escritório tem três áreas: Gestão da Qualidade (nasceu primeiro), Processos e Projetos (a seguir) e Gestão da Estratégia (mais recentemente). O escritório tem como foco processos estruturados, qualidade e estratégia. A estrutura do escritório possui a seguinte configuração: o superintendente desse escritório se reporta ao presidente da organização (*holding*). A esse superintendente se reportam um gestor da qualidade (inclui uma analista de qualidade), um analista de processo e um analista de estratégia. Há profissionais de processos e de qualidade alocados nas distribuidoras espalhadas pelo Brasil. Alguns desses profissionais das distribuidoras se reportam diretamente ao gestor de qualidade e outros se reportam, num duplo comando, ao gestor de qualidade e ao superintendente.

A empresa possui o papel do agente, denominado agente de transformação. Há, na verdade, uma tipologia de ativistas, de agentes dependendo de sua ligação com cada uma dessas especializações do escritório.

- Processo e projetos: tem o coordenador de processo (*process owner*) reconhecido formalmente pela organização; o agente de transformação é reconhecido mais pelo escritório, embora se use internamente esse nome.
- Gestão da qualidade: possui representantes da qualidade e auditores internos de qualidade. Ambos os papéis são reconhecidos formalmente pela organização. Outra função reconhecida pela organização é o RD (representante da alta direção).
- Gestão da estratégia: possui vários papéis distribuídos na organização (*holding* e distribuidoras) como *sponsor*, coordenadores, integrantes do escritório, além dos líderes estratégicos e apoiadores. Há aproximadamente 40 pessoas envolvidas nessas funções. Muitas dessas pessoas com seus papéis definidos estão envolvidos nas reuniões de análise da estratégia trabalhando na preparação e apoio das mesmas. Algumas estão envolvidas no gerenciamento de mudanças e na comunicação interna da estratégia. Outras têm foco na inteligência competitiva, alinhamento da estratégia e aspectos financeiros. Há uma relação, por exemplo, entre a gestão da estratégia por esse escritório e sua correspondência com o sistema de avaliação de desempenho (individual), assim como com dimensões organizacionais (mudanças e comunicação).

Uma das características da organização que contribui para que não haja uma cooperação, uma otimização entre estrutura na horizontal e processos na vertical diz respeito ao sistema de avaliação, os chamados KPI (*Key Performance Indicator*) indicadores-chave de desempenho. Esses indicadores acabam contribuindo para avaliações individuais mais do que os resultados de projetos estratégicos.

Como principais desafios para o escritório são considerados:

1) *Alinhamento entre as áreas da gestão (disciplinas da gestão).* Significa a integração entre qualidade e processos, estratégia, processos e projetos, riscos e *compliance* (cumprimento de exigências). Se não houver essas conjunções, a empresa terá perdas. Várias disciplinas de gestão que possuem sinergia, por exemplo, com processos: gestão de projetos, de riscos, de mudanças, de qualidade, da estratégia, de desempenho, da inovação e outras. Isso significa maturidade que implica conexões entre várias dimensões: estratégia, arquitetura de processos, governança, gestão, tecnologia e pessoas. Essas dimensões precisam estar conectadas através de práticas. Exemplos: competências das pessoas com processo, estratégias de TI com BPM.

2) *Direcionamento estratégico.* A empresa deve estabelecer seu direcionamento estratégico e realizar a gestão com alinhamento.

## Entrevista 2

- FORMAÇÃO EM ENGENHARIA ELÉTRICA
- GERENTE DA QUALIDADE
- TEMPO: 60 minutos
- 27 ANOS NA EMPRESA

Responsável pelo planejamento, operação e gestão dos Sistemas de Gestão da Qualidade das distribuidoras da empresa. Reporta-se ao superintendente do escritório. Possui em sua estrutura organizacional analistas de qualidade na *holding* e analistas de qualidade, de processos e de projetos nas distribuidoras. Algumas dessas posições na distribuidora estão sob duplo comando: reportam-se ao gerente de qualidade e ao superintendente do escritório.

Trabalha com gestão de sistema de qualidade de acordo com norma ISO. Busca desenvolver um trabalho na empresa visando conseguir certificação pela Fundação Vanzolini no âmbito das normas ISO 9001 para Sistemas de Gestão da Qualidade. Discorre sobre regulamentação no setor de energia, Anel, Vanzolini, Inmetro, Sistema de Qualidade ISO 9001 com destaque na certificação.

Qualidade significa atender aos requisitos dos clientes. Monta-se um sistema de gestão visando satisfazer os clientes, além de buscar melhorias contínuas. Utiliza-se o modelo SDCA (*standardize-do-check-act*). No Brasil, PDCA: planejamento, execução, verificação e ação. Esse ciclo de desenvolvimento tem como objetivo a melhoria contínua. O importante é manter o nível de qualidade. É necessário assegurar os recursos desde o apoio da direção até a matéria-prima, capacidades das pessoas, documentação, soluções, auditoria. São normas requeridas para estabelecer um padrão quanto às formas de realização dos trabalhos.

As distribuidoras são avaliadas em vários aspectos quanto ao fornecimento de energia elétrica. Um desses aspectos diz respeito à qualidade do serviço oferecido aos consumidores. A qualidade de serviços prestados tem a ver com a avaliação das interrupções no fornecimento de energia elétrica. Exemplo de indicadores de qualidade na conta de luz: DIC: duração individual de continuidade; FIC: número de interrupções ocorridas.

O escritório de processos e qualidade tem uma relação de afinidade, sincronia, com a área de recursos humanos quanto ao que é denominado educação corporativa. Por exemplo, existe o manual de cargos. Nesse manual estão especificadas as competências requeridas das diversas funções da empresa, como, por exemplo, do eletricista. Assim, fica fácil identificar o que um funcionário precisa desenvolver em sua atuação profissional.

Há 10 processos da área de recursos humanos, denominados educação corporativa, que foram conduzidos para o sistema de qualidade. Há processos denominados planejamento de calendário para a educação corporativa, tratamento da capacitação interna, tratamento da capacitação externa, execução da capacitação interna etc. Isso significa que esses processos passam por auditoria interna e por auditoria externa pela Vanzolini.

Retomando a importância do Sistema de Gestão da Qualidade, o cliente determina os requisitos para que algo seja produzido gerando um produto, um serviço. Há requisitos legais que devem ser seguidos. A alta administração precisa apoiar a gestão dos recursos. Faz-se necessário gerar documentação quanto à forma de se produzir. Medições, análise e melhorias devem ser feitas e auditadas. Tudo isso está dentro de um escopo, ou seja, abrangência. Atestar normas, certificação, é um objetivo importante a ser conquistado.

Outro desafio quanto à gestão da estratégia é buscar elaborar um plano em que se cruzam duas dimensões: objetivos estratégicos que constam do Planejamento Estratégico com Processos. É importante perceber se os processos agregam valor aos objetivos estratégicos. Isso significa que deve haver um esforço naqueles processos que dão suporte à realização dos objetivos estratégicos.

## Entrevista 3

- FORMAÇÃO: GEOGRAFIA E TÉCNICAS EM GESTÃO DE NEGÓCIOS E DA INFORMAÇÃO
- ANALISTA SÊNIOR DE QUALIDADE
- TEMPO: 70 minutos
- ANOS NA EMPRESA

Tem a função de analista de qualidade e descreve um caso vivido na empresa estudada com agentes para os quais o desafio era a implantação do SAP ERP (software de gestão empresarial) visando a *holding* e distribuidoras de energia nas regiões Sudeste, Centro-Oeste e Norte do país. Esse desafio foi considerado um projeto no qual havia necessidade de uma rede de agentes em nível estratégico (criadores da estratégia e planejamento do trabalho) e operacional (multiplicadores). O projeto foi iniciado pela diretoria de TI (tecnologia da informação) da empresa estudada em 2009. Esse trabalho contou com a consultoria externa especializada em gestão de mudança organizacional. A equipe gestora do projeto era formada por um consultor SAP ERP da empresa fornecedora, um profissional de rede da área de TI, um consultor da consultoria externa (especializada em gestão de mudança organizacional) e um profissional da área de processos/qualidade. A coordenação que fazia a gestão do projeto era considerada o primeiro nível de agentes. Após a concepção do projeto de implantação do SAP, esses profissionais assumiam a função de multiplicar para outros agentes (treinamento) nas distribuidoras os princípios e práticas requeridas para implantar com sucesso esse software de gestão empresarial. Era importante identificar multiplicadores a serem treinados nas distribuidoras que tivessem um perfil de agentes de mudança, curiosidade, interessados em informações novas, que não tivessem medo de mudanças e fossem formadores de opinião. Esse segundo nível de agentes deveria ser treinado como agentes de mudança para que comunicassem o projeto aos demais, ou seja, para toda a organização. Deveriam ser multiplicadores das informações. Essas pessoas deveriam lidar com o possível medo que poderia existir nas distribuidoras, pois o SAP no mercado está ligado ao mito do corte de pessoal. Precisavam desfazer esse medo tranquilizando as pessoas quanto à implementação desse novo sistema de gestão. Esses agentes são percebidos como o canal de comunicação entre o projeto e os vários níveis hierárquicos. De forma geral, o projeto foi dividido em duas partes: configuração da ferramenta e *change* cujo foco era trabalhar pessoas e processos. Agentes de mudanças é o nome dado a essas pessoas que farão a comunicação, o treinamento local, enfim falarão sobre o que acontece no projeto. O grupo gestor sabia que a implementação do SAP gera mudanças e que se faz necessário criar uma rede de agentes pela organização. Planejou-se o treinamento desses agentes pelo grupo gestor (também agentes de mudança), sendo importante destacar o treinamento na ferramenta (SAP). Através dessa rede de agentes buscava-se o usuário, aquele que no dia a dia vai fazer uso da ferramenta.

Iniciou-se há três anos o treinamento de agentes em duas distribuidoras. Os treinamentos eram locais, sendo que a habilidade principal requerida pelos três agentes primeiros era a comunicação. Uma comunicação entre agentes primeiros e agentes segundos que pudesse fazer com que estes últimos entendessem os desafios da implementação e disseminassem nas distribuidoras os processos necessários a serem realizados para que o SAP fosse implementado. Assim, através de sessões de treinamento, o primeiro grupo passa para o segundo especificações, desde técnicas até gestão quanto ao que se faz necessário em um processo de mudança como esse. Esperam-se comportamentos adequados e abertos quanto à compreensão e uso do sistema para que os benefícios do mesmo possam ocorrer. Esse caso, que continua até hoje, diz respeito a uma mudança na cultura em relação às pessoas e aos processos.

Um dos maiores desafios da empresa é conseguir a integração entre a estrutura funcional (silos) que se apresenta na vertical com o fluxo de processos que ocorre na horizontal. É preciso mais apoio, integração entre esses dois aspectos da organização. A ferramenta BPMS destaca os sistemas de desempenho de processos e qualidade. TI atual como ligação. O desafio é alinhar sistemas de qualidade contínua, processos e pessoas. Um dos alinhamentos principais diz respeito a obter certificação. Ao mesmo tempo se percebe que o escritório precisaria ter mais apoio das áreas de regulação, administrativo, TI, RH e comunicação. Fazem uso da governança corporativa.

## Entrevista 4

- FORMAÇÃO: ADMINISTRAÇÃO COM ESPECIALIZAÇÃO EM GESTÃO DE PESSOAS
- ANALISTA SÊNIOR DE PROCESSO
- TEMPO: 90 minutos
- 13 ANOS NA EMPRESA

Analista de processo sênior se reporta ao superintendente do escritório.

O mapeamento é o primeiro passo na gestão de processo. São feitas revisões visando gerar pequenas alterações no mesmo. Em algumas situações se faz necessário fazer uma reengenharia de processos em que ocorrem mudanças mais radicais, de ruptura, inovações mais complexas.

Quanto a plataformas de processamento de informações, há a BPM/EPC. Por exemplo, em um processo de reclamação sobre variação de consumo, há um diagrama em que são lançados números em duas modalidades. Em 1.000 reclamações, por exemplo, 300 podem estar no trajeto do fluxo bom. Nesse fluxo, o processo está desenhado para gerar satisfação no cliente, enquanto 700 podem estar em um processo que é considerado ruim, por exigirem revisões.

De maneira geral opera-se na empresa com SAP, *Aris Business* (mapeamento). Um sistema que provavelmente é utilizado é o *Aris Governance* (apoiar a governança corporativa). Faz uso, também, de Oracle (BPMN) e IBM (BPMN).

A padronização tem um papel decisivo no avanço de processos na empresa. Avanço em padronização significa operar com nomenclatura-padrão, cadeia de valor-padrão, processo de codificação-padrão etc.

Há gerência de recursos humanos, em São Paulo, na *holding* e nas grandes distribuidoras do grupo, portanto, cinco áreas de RH nas cinco grandes. Há uma gerência de RH que cuida das pequenas distribuidoras.

Um dos limites para a expansão dos trabalhos da rede é o bairrismo no sentido de defesa do seu local de trabalho. Fazem-se necessárias nos contatos, nos relacionamentos com as distribuidoras, habilidades de negociação, por exemplo, nas reuniões, visando ao consenso.

Faz-se necessário maior reconhecimento da área de processos na organização. É preciso ter mais apoio da cúpula, mais direcionamento.

Um dos maiores desafios para o escritório é a automação de processos (*on-line*). Isso tem a ver com o sistema de avaliação da maturidade das empresas.

Agentes de transformações são importantes e devem ter um perfil em que o comprometimento passa a ser a chave. Deve haver um sistema de incentivos para aqueles donos de processos, aqueles que melhoram os processos no dia a dia. Alguns, hoje, fazem corpo mole, e na véspera de uma avaliação interna se preocupam em atualizar os processos.

É importante considerar, quando se estabelecem padrões de desempenho para processos, onde o mesmo ocorre. Por exemplo, uma coisa é um eletricista operando em um processo na cidade de São Paulo e outro em algum lugar do Brasil em que num dia pode fazer dois reparos em função da distância, da necessidade de ir de barco ao local. É preciso fazer adaptações de processos onde se busca a padronização para lugares do Brasil em que esse padrão exige adaptações.

Além disso, quando um processo é executado em tempos diferentes ou quantidade de atividades diferentes, devem ser buscadas explicações para esse disparate.

Quanto à comunicação empresarial, destaca as formais: e-mails de publicação de processos, *publisher* – armazenagem dos processos; e informais: e-mails, telefone, same time (MSN).

## Entrevista 5

- FORMAÇÃO EM ADMINISTRAÇÃO
- ANALISTA DE PLANEJAMENTO E PROCESSOS – ORIENTADA PARA ESTRATÉGIA
- TEMPO: 70 minutos
- 5 ANOS NA EMPRESA

Analista de processos com foco em estratégia. Reporta-se ao superintendente do escritório.

No passado, o planejamento estratégico era feito por uma distribuidora. Agora há apenas um, de forma integrada, para todas as distribuidoras.

Sente que a direção deveria dar mais apoio ao trabalho realizado pelo escritório de processos e qualidade. Por exemplo, ela acompanha constantemente as informações que fazem parte do planejamento estratégico de toda a empresa. A direção da empresa poderia participar mais e influenciar para que, quando as metas previstas não estiverem sendo cumpridas por determinada área, em determinada distribuidora, tenham mais chances de ser realizadas. Há na *holding* (São Paulo) um manual de governança que define as regras e os procedimentos sobre muitos aspectos da organização, inclusive sobre o escritório de processos e qualidade. Fazem uso do BSC (*Business Scorecard*) enquanto metodologia e seus desdobramentos quanto aos indicadores.

Percebe que o número de pessoas do escritório é pequeno comparado com a extensão de toda a empresa, que demanda muito trabalho. Houve demissões por questão de custo, o que implicou menor número de pessoas.

A entrevistada e o superintendente do escritório realizaram palestras pelas distribuidoras espalhadas pelo Brasil para divulgar questões sobre estratégia, processos e qualidade. Atuaram como multiplicadores.

No planejamento estratégico da empresa constam, por exemplo, os objetivos estratégicos, formulários onde são apresentados gráficos (mês a mês) com os números de performance das áreas, dos processos, das distribuidoras, além de análise do desempenho, recomendações e fórmula do indicador. O destaque é que se mostra a relação entre a meta esperada e a realizada. Essas informações são comunicadas constantemente para as máquinas dos executivos das distribuidoras para que acompanhem esses desempenhos e busquem realizá-los. Essas informações passadas com frequência e digitalmente para a empresa estão dentro do escopo de comunicação.

Quanto à comunicação empresarial, fazem uso de *blog*, comunicação interna e *broadcast*. Neste último, informações são dadas aos gestores sobre metas previstas e realizadas e outros dados importantes para que façam gerenciamento das ações.

## Entrevista 6

- PSICOLOGIA SOCIAL-ORGANIZACIONAL – GRADUAÇÃO
- GESTÃO DE PESSOAS (RH)
- TEMPO: 60 minutos
- 4 ANOS NA EMPRESA

Gerente de gestão de pessoas. Afirma que operar com mudanças e com agentes implica olhar o intangível, pois nessa situação de transição ocorrem dúvidas, resistências. É preciso saber quem compra a mudança, em quem investir, quem são os principais agentes desse processo. Agentes de mudanças devem ser relacionados com cada etapa de um processo que está em questão, com cada grupo envolvido na transformação. O agente precisa identificar o que está por trás, oculto em um processo de transformação. Precisa perceber, lidar com o intangível, para poder envolver as pessoas na mudança.

É preciso perguntar quem são os formadores de opinião. Precisa saber o porquê das resistências. Muitas vezes requer a elaboração de um plano, usar metodologia, além de ter aderência dentro da organização. No fundo, o agente opera do intangível ao tangível atuando com foco no *business*, mas também nas pessoas. Ao lidar com pessoas, precisar ter flexibilidade para saber trocar de chapéu frente às situações distintas. Gestão de mudanças implica pessoas, sistemas, processos e tecnologia.

Mudanças podem estar presentes, por exemplo, em um processo de fusão, na implantação de SAP, de um *call center*. Requer um grupo de atores que sejam formadores de opinião para explicar o papel da mudança; deve pensar na estratégia que vai usar visando influenciar pessoas. Agentes devem buscar o acordo, por exemplo, os incômodos de diretores diante de uma descentralização. Frente a mudanças, aos agentes pode-se perguntar como o RH, a gestão de pessoas é vista na organização. É sabido que algumas vezes essa área é percebida como romântica e isso requer um trabalho em conjunto com o corpo de gestores. É importante ter em vista que, por exemplo, não é só uma questão de perguntar o que centralizada, o que descentraliza, mas perceber que se trata de estrutura de poder na empresa, que mudanças podem interferir nessa estrutura de poder. É preciso chamar, por exemplo, o diretor e discutir com ele.

Relata uma experiência marcante que teve há tempo numa empresa farmacêutica alemã, que exemplifica a forma de atuar de um gestor de mudanças no desenvolvimento da organização. A gestora da fábrica procurou o profissional dessa organização que trabalhava com gestão de pessoas e colocou o problema da diminuição de produtividade e qualidade na operação fabril. Disse não saber as causas dos baixos indicadores de resultados. Essa profissional, com formação na área de gestão de pessoas, de recursos humanos, propôs à gestora um trabalho participativo com todos os funcionários dos três turnos objetivando entender o que estava acontecendo e que medidas poderiam ser tomadas visando reverter a situação dos indicadores de resultados da fábrica. Utilizou-se o *focus group* (discussão de grupo). Essa agente de mudanças fez reuniões com os turnos explicando a situação da fábrica em termos de índices. Mostra a necessidade da participação de todos para contribuírem com um diagnóstico da situação presente. Trabalha com perguntas do tipo: o que agrada você aqui na fábrica, o que o desagrada? Essa conversa era feita em clima de reunião, em que se estimulava a participação, o envolvimento, as informações etc. Foram utilizados post-it nos quais eram colocados problemas fatuais que os funcionários percebiam na fábrica com base em sua experiência do dia a dia. Todos eram estimulados, no momento seguinte, a agruparem esse levantamento de informações em categorias, em blocos de afinidades. Em um momento sucessivo, sempre trabalhando com três turnos de operação e a necessidade de pausa para realizar o trabalho, buscam-se causas que expliquem a situação atual. Esse trabalho envolveu um total de 180 pessoas, estimulando muito os trabalhos em grupo. Com base nesse diagnóstico da problemática e suas causas foram projetadas situações futuras em termos de desafios, de conquistas, de metas, de evolução da fábrica em termos de desempenho, de resultados. Frente a essas duas situações presentes e projetadas buscou-se definir as fases, os caminhos a serem perseguidos (plano de ação). Esse trabalho durou aproximadamente seis a oito meses. A gestora de pessoas informava à gestora da fábrica sobre os avanços desse processo de transformação e teve o aval de apoio dessa gestora. As novas metas não só foram atingidas como superadas.

## Entrevista 7

- GRADUAÇÃO EM PSICOLOGIA. PÓS-GRADUAÇÃO EM PSICOLOGIA ORGANIZACIONAL
- ESPECIALISTA EM GESTÃO DE PESSOAS/RECURSOS HUMANOS
- TEMPO: 75 minutos
- 5 ANOS E MEIO NA EMPRESA

Especialista em gestão de pessoas/desenvolvimento reporta-se à gerente de gestão de pessoa.

Essa área tem formalizado o agente multiplicador de conhecimentos. A entrevistada é a pessoa principal que treina multiplicadores em rede para que os mesmos multipliquem localmente para outros. Ela treinou 30 multiplicadores através de cursos de formação de oito horas em um primeiro momento. Para esse grupo posteriormente fez um curso sobre mudanças de quatro horas. Esses cursos são planejados em conteúdo e forma de apresentação, e dados em sala de aula. Esses 30 na verdade são líderes que fazem parte das distribuidoras e que retornam ao seu local de trabalho multiplicando para mais multiplicadores. No total foram treinados 151 multiplicadores.

O treinamento realizado por essa profissional na empresa envolve aspectos mais comportamentais para que os multiplicadores saibam localmente lidar com pessoas nas mais diferentes situações. É um treinamento de conteúdo (transmitir conhecimentos) sobre aspectos do trabalho da empresa, e tais treinamentos são mais de natureza comportamental e pedagógico (ênfase no saber lidar com pessoas na sala de aula, saber fazer reunião, comunicar-se, liderar grupos etc.). O treinamento para os disseminadores de conhecimento é mais de sensibilização, comportamental e pedagógico, sendo que esses multiplicadores vão atuar com outros mais no campo do treinamento técnico, em processos apoiando, assim, o trabalho do escritório de processos. Há um plano de reconhecimento e recompensa para os multiplicadores (incentivos) do tipo bônus – treinamento externo. Tiveram apoio nesses trabalhos de educação de consultorias externas.

Comenta um trabalho colaborativo envolvendo o escritório de processos, recursos humanos e as diretorias das unidades. Parte-se do mapa estratégico, que foi coordenado pelo escritório. Cada empresa (distribuidora) tem suas metas, que se desdobram em forma de cascata para os níveis inferiores. Metas da distribuidora, metas da diretoria, metas administrativas, metas da gerência – até o nível de analistas. Busca-se quebrar com isso o paradigma de busca de metas individuais – "meus resultados". Espera-se que 80% das conquistas das metas sejam alcançadas por coordenação/pelas equipes e 20% de forma individual. Assim, cada nível senta-se com o nível abaixo e através da conversa busca-se responder à pergunta: Como você pode me ajudar a atingir essa meta? Exemplo: uma das metas é que o orçamento não seja ultrapassado em mais de 110%. Assim, numa das conversas, a meta especificada pode ser a redução de custos com a frota interna (veículos dos eletricistas – ida e volta – casa-trabalho). O administrativo está preocupado em reduzir custos com isso. O comercial, a princípio, pode querer o máximo de uso da frota para atendimento ao cliente. Assim, é necessário buscar um acordo entre as partes, negociação, administração de conflitos, mais cooperação.

Assim, o RH está voltado para o desenvolvimento de competências dos funcionários em seus perfis acordados com a organização, mas tem como foco resultados do negócio para as distribuidoras. Em um trabalho coordenado por RH buscou-se envolver vários níveis da organização em definir o perfil de competências para cada função. Procurou-se até comparar com outras empresas do setor elétrico. Assim, busca-se definir, por exemplo, a trajetória de um eletricista. Como ele pode começar? Quais são as etapas da trajetória? Que competências precisa desenvolver? Os cursos desenvolvidos internamente buscam atrelamento a esse perfil. Uma das competências pode ser "orientação para resultados". Busca-se articular conexões entre o que a empresa espera, o que quer com aquele cargo, aquelas competências. Por exemplo, buscou-se consenso sobre o perfil de competências para funções do processo de faturamento. Tudo isso chega a ter validade até com a vice-presidência das distribuidoras.

Aponta também que as distribuidoras eram empresas estatais. Assim, encontramos pessoas com 25 anos de casa com uma forma de pensar, e alguém jovem, com poucos anos de casa com a necessidade de inovar. Além disso, há o problema comum de que, por exemplo, uma dada distribuidora pode achar que o trabalho que faz ou que fez é o melhor. Isso tem implicações em não se conseguir uma colaboração entre o corporativo (coordenação, sentido de conjunto) e unidades/empresas do grupo.

# Referências

AGAMBEN G. *O que é contemporâneo? E outros ensaios*. Santa Catarina: Argos, 2009.

ALBRECHT K. *Inteligência prática: arte e ciência do bom senso*. São Paulo: M. Books, 2008.

ARNHEIM R. *Intuição e intelecto na arte*. São Paulo: Martins Fontes, 2004.

ARNHEIM R. *Arte e percepção visual*. São Paulo: Thomson, 1998.

BERGSON H. Matéria e memória: ensaio sobre a relação do corpo com o espírito. São Paulo: Martins Fontes, 1999.

BERNS G. *O iconoclasta: um neurocientista revela como pensar diferente e realizar o impossível*. Rio de Janeiro: Best Business, 2009.

BRABANDERE L. *O lado oculto das mudanças: a verdadeira inovação requer mudança de percepção*. Rio de Janeiro: Campus, 2006.

BRABET J. *Repenser la gestion des ressources humaines*. Paris: Econômica, 1993.

BRAGA P (org.). Fios soltos: a arte de Hélio Oiticica. São Paulo: Perspectiva, 2011.

BRETT G. *Brasil experimental. Arte/vida: proposições e paradoxos*. Rio de Janeiro: Contracapa, 2005.

CAMERON KS, QUINN R. Organizational paradox and transformation. In: QUINN RE, CAMERON KS. (eds.) *Paradox and transformation: toward a theory and change in management*. Cambridge: Ballinger, 1998, p. 12-18.

CRAWFORD JK. *The strategic projetct office*. CRC Press, 2011.

DRUKER PF. *Inovação e espírito empreendedor (entrepreneurship): prática e princípios*. São Paulo: Pioneira, 1986.

FERREIRA G, COTRIM C. (org.) *Escritos de artistas – anos 60/70*. Rio de Janeiro: Zahar, 2006.

FERREIRA VCP et al. *Modelos de gestão*. Rio de Janeiro: FGV, 2006.

FORSBERG K et al. *Visualizing Project Management: a model for business and technical sucess*. New York: John Willey, 2000.

_____. *Models and framework for mastering complex systems*, 2005.

FRASER, H. *Design para negócios na prática*. Rio de Janeiro: Elsevier, 2013.

GARDNER H. *Mentes que mudam: a arte e a ciência de mudar as nossas ideias e a dos outros*. Rio de Janeiro: Artmed, 2005.

GIBSON R et al. *Inovação, prioridade número 1: o caminho para transformações nas organizações*. Rio de Janeiro: Campus, 2008.

GINZBURG C. *Olhos de madeira: nove reflexões sobre a distância*. São Paulo: Companhia das Letras, 2001.

GOMBRICH EH. *Meditações sobre um cavalinho de pau e outros ensaios sobre a teoria da arte*. São Paulo: Edusp, 1999.

HAVE S et al. *Modelos de gestão: o que são e quando devem ser usados*. São Paulo: Pearson, 2005.

HEATH C et al. *Ideias que colam: por que algumas ideias pegam e outras não*. Rio de Janeiro: Campus, 2007.

HECKSCHER C. *The collaborative enterprise: managing speed and complexity in knowledge-based businesses*. Yale University, 2007.

HECKSCKER C, ADLER PS. *The firm as a collaborative community: reconstructing trust in knowledge economy*. Oxford: Oxford University Press, 2006.

HECKSCHER C, MACCOBY M, RAMIREZ R. *Agents of change: crossing the post--industrial divide*. Oxford: Oxford University Press, 2003.

HELDEMANN K. *Gerência de projetos: guia para o exame oficial do PMI®*. Rio de Janeiro: Elsevier, 2009.

JOHANSSON F. *Efeito Médici: como realizar descobertas revolucionárias na interseção de ideias, conceitos e culturas*. Best Seller, 2008.

KAHNEMAN D. *Rápido e devagar: duas formas de pensar*. Rio de Janeiro: Objetiva, 2012.

KELLEY T et al. *As 10 faces da inovação*. Rio de Janeiro: Campus, 2007.

KORSBERG K et al. *Visualizing project management: a model for business and technical success*. New York: John Wiley, 2000.

LACOMBE O. O diagrama fundamental. *Revista de Pesquisa em Arquitetura e Urbanismo*. São Carlos: EESC-USP, 2007. p. 203-207.

LEWIS M. Exploring paradox: toward a more comprehensive guide. *The Academy of Management Review*, 25(4) 760-776, 2000.

LUPTON E et al. *ABC da Bauhauss: a Bauhaus e a teoria do design*. São Paulo: Cosac Naify, 2008.

_____ *Novos fundamentos do design*. São Paulo: Cosac Naify, 2008.

LUSCHER LS, LEWIS M, INGRAM A. The social construction of organizational change paradoxes. *Journal of Organizational Change Management*, 19(4)491-502, 2006.

MAEDA J. *As leis da simplicidade: vida, negócio, tecnologia, design*. São Paulo: Novo Conceito, 2007.

MARTIN R. *Integração de ideias: como usar as diferenças para potencializar resultados*. Rio de Janeiro: Campus, 2008.

MASSEY D. *Pelo espaço: uma nova política da espacialidade*. Rio de Janeiro: Bertrand Brasil, 2008.

MONEO R. *Inquietação teórica e estratégia projetual*. São Paulo: Cosac & Naif, 2009.

PROJECT MANAGEMENT INSTITUTE. *A guide to the project management body of knowledge (PMBOK® Guide)*. Fifth Edition, 2013.

OITICICA H. "Experimentar o experimental", disponível em: <htpp://www.itaucultural.org.br/aplicexternas/enciclopedia/ho/index.cfm?fuseaction=documentos&cod=362&tipo=2> (acesso em 15/7/2012).

ONFRAY M. *Teoria da viagem: poética da geografia*. Porto Alegre: L&PM, 2009.

PAIM R et al. *Gestão de processos: pensar, agir e aprender*. Porto Alegre: Bookman, 2009.

PEREIRA JR A. *Introdução à história da arquitetura*. Porto Alegre: Bookman, 2010.

PINK D. *A revolução do lado direito do cérebro*. Rio de Janeiro: Campus, 2005.

*PMCD framework: estrutura de desenvolvimento da competência de gerente de projetos*, 2. ed. Project Management Institute, 2012.

PYLYSHYN ZW. *Seeing and visualizing: it's not what you think*. London: MIT, 2003.

RAZEGHI A. *Enigma: de onde as ideias vêm e o que fazer para melhorá-las*. Rio de Janeiro: Ediouro, 2008.

RICOEUR P. *A memória, a história, o esquecimento*. Campinas: Unicamp, 2007.

ROZESTRATEN AS. *Aspectos da representação e do processo projetual em Hélio Oiticica: aproximações com a arquitetura*. V Encontro de História da Arte. FCH/Unicamp, 2009.

SCHEIN E. Coming to a new awareness of organizational culture. *Sloan Management Review*, 25(2). Winter, 1984.

SMITH WK, LEWIS MW. Toward a theory of paradox: a dynamic equilibrium model of organizing. *Academy of Management Review*, 36(2) 381-403, 2011.

SOMOL RE. Texto sonso ou a base diagramática da arquitetura contemporânea. Trad. Octavio Lacombe. *Revista de Pesquisa em Arquitetura e Urbanismo*. São Carlos: EESC-USP, 2007. p. 179-191.

TALEB N. *Antifrafile things that gain from disorder* (2012).

_____ *A lógica do cisne negro: o impacto do altamente imponderavável*. Best Seller, 2008.

THAGARD P et al. The aha! experience: creativity throug emergent bilding in neural network. *Cognitive Science* 35, 2011.

THALER RC et al. *Nudge: o empurrão para a escolha certa*. Rio de Janeiro: Elsevier, 2009.

THOMPSON VA. Bureaucracy and innovation: administrative science quartely. *Ithaca*, junho 1965.

VASCONCELOS FG, VASCONCELOS FC. Gestão de recursos humanos e identidade social: um estudo crítico. *RAE – Revista de Administração de Empresas*. São Paulo, 42(1) 64-78, jan./mar. 2002.

_____ (Org.). *Paradoxos organizacionais: uma visão transformacional*. São Paulo: Thomsom Learning, 2004.

WARE C. *Visual thinking for design*. Elsevier/Morgan Kaufmann, 2008.
ZEVI B. *Saber ver a arquitetura*. São Paulo: Martins Fontes, 2009.
ZOLLI A, HEALY AM. *Adapte-se*. Rio de Janeiro: Campus Elsevier, 2012.

## REFERÊNCIAS COMPLEMENTARES

### Capítulos de livros publicados

ZENKER, Márcio Rodrigues; ZENKER, Márcia Rosiello. Engenheiros, Engenharia e Globalização - Pensamento Múltiplo em Questão. *Engenharia*, São Paulo - SP, v. 530, p. 8 - 8, 30 nov. 1998.

### Textos em jornais de notícias/revistas

ZENKER, Márcio Rodrigues; MARTINS, Mary Grace. Redes de Colaboração e Aprendizagem. *Direcional Escolas, São Paulo - SP*, v. 12, p. 30 - 33, 01 jan. 2006.
ZENKER, Márcio Rodrigues. *Mentoring e Coaching na Prática*. Gazeta Mercantil, São Paulo - SP, 05 ago. 2005.
ZENKER, Márcio Rodrigues. Figuras, Metáforas e Imagens em Educação. *Linha Direta*, v. 76, p. 17 - 17, 01 jul. 2004.
ZENKER, Márcio Rodrigues; ZENKER, Márcia Rosiello. Engenheiros, Engenharia e Globalização - Pensamento Múltiplo em Questão. *Engenharia*, São Paulo - SP, v. 530, p. 8 - 8, 30 nov. 1998.
ZENKER, Márcio Rodrigues. Gerência é Condição Essencial na Falta de Recursos. *Diário do Grande ABC*, p. A 11 - A 11, 22 nov. 1988.
ZENKER, Márcio Rodrigues. Descentralização Aumenta Motivação e Produtividade. *Diário do Grande ABC*, 15 nov. 1988.
ZENKER, Márcio Rodrigues. Gerentes Começam a Repensar Abordagem para suas Funções. *Diário do Grande ABC*, 08 nov. 1988.

### Resumos publicados em anais de congressos (artigos)

ZENKER, Márcio Rodrigues. Talento: O Poder de Integrar e Transformar. *Informativo do Idort, IDORT - SP*, v. 2, p. 4-4, 2006.
ZENKER, Márcio Rodrigues. Figuras, Metáforas e Imagens em Educação. *Revista Linha Direta*, p. 17-17, 2004.
ZENKER, Márcio Rodrigues. Capacitación Professional, Educacion Diferencial y Transferencia de Know How. *Capacitación y Competitividad Empresarial, IPAE*, p. 51-61, 1991.

# Índice

**GRÁFICA PAYM**
Tel. (11) 4392-3344
paym@terra.com.br